Sven-David Müller
Christiane Weißenberger

Das große Diabetes-Kochbuch

Sven-David Müller • Christiane Weißenberger

Das große Diabetes-Kochbuch

Bibliografische Information der Deutschen Nationalbibliothek
Die Deutsche Nationalbibliothek verzeichnet diese Publikation in der Deutschen Nationalbibliografie; detaillierte bibliografische Daten sind im Internet über http://dnb.ddb.de abrufbar.

ISBN 978-3-89993-561-5 (Print)
ISBN 978-3-8426-8302-0 (PDF)
ISBN 978-3-8426-8447-8 (EPUB)

Fotos:
Die Feder GmbH: 62, 81, 126, 174
fotolia.com: Andre 92; agg 28; arnowssr 77, 102; Balin 122, 123; William Berry 197; blende40 52; Martin Braun 207; Camabs 156; Jacek Chabraszewski 26; chiyacat 162; cipryanu 21; Daisy Daisy 208; dariuszsankowski 46; deardone 24; Elena Elisseeva 27; emmi 16;
Jordi Farres 90; Anne Katrin Figge 39, 168; Food 175; fotofred 138; Liv Friis-larsen 51, 69, 73, 111, 127 (unten), 130; Richard Griffin 170; Holger Gurski 132; Benjamin Haas 159; Nina Hoff 178; Hubert IsselÈe 179, 194; Pekka Jaakkola 88; jam4travel 172; Tomo Jesenicnik 190; Joss 66; Christian Jung 5 (unten rechts), 72, 94, 183; Janusz Z. Kobylanski 195; Andrzej Koronowicz 34; Bernd Kröger 57, 114; Udo Kroener 131, 151, 210; Oswald Kunstmann 43; Kzenon 14; Robyn Mackenzie 19; MarkFGD 125; maxime82 120; Marek Mnich 58; Kati Molin 17, 18, 20; Jovan Nikolic 96, 106; ostromec 99, 176; Edyta Pawlowska 203; Dmitry Pichugin 202 (unten); Peter Polak 80; Adam Przezak 10; Radu Razvan 13; Birgit Reitz-Hofmann 33; rimglow 202 (oben); robynmac 79, Michael Röhrich 116; Comugnero Silvana 160; Sjo 158; Pawel Strykowski 93; Tinka 53; Tjall 104 (vorne), 192; Tomboy 70, 100, 104 (hinten); tomkai 107; Stefano Tiraboschi 63; Stephen Vickers 32; Suto Norbert 134; matka_Wariatka 22, 146; yuka26 161; ZTS 86; Magda Zurawska 23; Aneta Zylinska 121
Free Objekts: 56
getty images: 9
MEV: 8, 29, 30, 47, 74, 76, 82, 95, 101, 110, 124, 129, 133, 169, 191, 196, 209
Ingo Wandmacher: Titelfoto, 5, 31, 35, 36, 37, 38, 40, 41, 42, 44, 45, 48, 49, 50, 55, 57 (oben), 59, 61, 64, 65, 67, 71, 75, 78, 84, 85, 87, 89, 91, 97, 98, 105, 108, 112, 113, 115, 117, 118, 119, 127 (oben), 128, 135, 137, 139, 141, 145, 147, 148, 149, 153, 154, 155, 157, 163, 165, 167, 171, 173, 177, 180, 181, 182, 184, 185, 186,187, 188, 189, 193, 198, 199, 201, 204, 205, 211

Abkürzungen:			kg	=	Kilogramm
EL	=	Esslöffel	kJ	=	Kilojoule (4,18 Kilojoule = 1 Kilokalorie)
g	=	Gramm	l	=	Liter
geh.	=	gehäuft	mg	=	Milligramm
gem.	=	gemahlen	ml	=	Milliliter
getr.	=	getrocknet	Pck.	=	Packung
kcal	=	Kilokalorien	TL	=	Teelöffel

3. Auflage
© 2021 Schlütersche Verlagsgesellschaft mbH & Co. KG, Hans-Böckler-Allee 7, 30173 Hannover

Jeder Benutzer ist zur sorgfältigen Prüfung der durchzuführenden Medikation verpflichtet.
Jede Dosierung oder Applikation erfolgt auf eigene Gefahr.
Alle Rechte vorbehalten. Das Werk ist urheberrechtlich geschützt.
Jede Verwertung außerhalb der gesetzlich geregelten Fälle muss vom Verlag schriftlich genehmigt werden.

Gestaltung: Schlütersche Verlagsgesellschaft mbH & Co. KG
Satz: Die Feder, Konzeption vor dem Druck GmbH, Wetzlar
Druck und Bindung: Westermann Druck GmbH, Zwickau

Inhalt

Vorwort	7
Volkskrankheit Diabetes mellitus	9
Gesund essen bei Diabetes	15
30 Ernährungstipps für das tägliche Leben	21
Koch- und Küchentipps	27
Rezepte	
Frühstücksleckereien	31
Vorspeisen	49
Salate und Snacks	71
Suppen	95
Saucen, Dips und Dressings	117
Hauptgerichte	135
Hauptgerichte mit Fleisch	136
Hauptgerichte mit Geflügel	144
Hauptgerichte mit Fisch	152
Vegetarische Hauptgerichte	160
Abendessen	167
Desserts und Gebäck	193
Rezepte-Index	213
Rat und Tat	217
Autoreninfo	219
Register	221

Vorwort

Liebe Leserin, lieber Leser,

ich kann mich gut daran erinnern, als ich mit acht Jahren an Diabetes mellitus erkrankte. Ich hatte ständig unstillbaren Durst und Heißhunger. Die Dimension der Erkrankung habe ich damals noch nicht erkannt. Komisches Essen habe ich dann später im Krankenhaus bekommen, außerdem sollte ich immer alles aufessen. In den siebziger Jahren war die Diabeteskost noch exakt auf den Kalorien-, Fett-, Eiweiß- und Kohlenhydratgehalt berechnet. Meine Mutter hat das jahrelang jeden Tag mit einer Nährwerttabelle gemacht, sie hat immer alles abgewogen – sogar im Restaurant oder im Urlaub.

Sehr früh haben mich meine Eltern in eine Diabetesklinik geschickt. Dort traf ich auf Diätassistenten, die viel von ihrem Beruf verstanden. Die langjährige Vorsitzende des Berufsverbandes der Diätassistenten, Doris Lübke, ist sozusagen „Schuld" daran, dass ich Diätassistent geworden bin. Ich wusste mit zwölf Jahren, dass es keinen anderen Beruf für mich geben würde.

Meine Ausbildung zum Diätassistenten absolvierte ich in Bad Hersfeld und baute in der Praxis meines Hausarztes eine Diabetikergruppe auf. Sogar einen Diabetikertag habe ich 1988 mit 18 Jahren organisiert.

Ich habe schon immer gerne geschrieben. So kam es auch zum Kontakt mit dem Insuliner Verlag. Hier erschien 1994 mein erstes kleines Buch, eine BE-Tabelle mit zuckerhaltigen Lebensmitteln: Ich musste

mich mit der Fachwelt anlegen, da der Zuckerkonsum noch ein Tabu darstellte. Schon damals bildete ich mit Christiane Weißenberger (geb. Pfeuffer) ein Autorenteam. Wir arbeiten bis zum heutigen Tage erfolgreich zusammen.

Mit großem Stolz konnte ich im Jahr 2005 das Bundesverdienstkreuz für meine Arbeit in der Diabetes- und Ernährungsaufklärung entgegennehmen.

Die Diabetesdiät hat sich in den vergangenen drei Jahrzehnten massiv – und glücklicherweise im Sinne des Patienten – gewandelt. Bei Diabetes mellitus geht es um weit mehr als nur um den erhöhten Blutzucker. Nur wenn Blutzucker, Blutdruck und Blutfettwerte über eine optimale Ernährungsweise in die richtigen Bahnen gelenkt werden, kann den Folgen des Diabetes vorgebugt werden.

Dieses Kochbuch richtet sich mit seinen Rezepten gleichermaßen an Typ-1- und Typ-2-Diabetiker: Alle Rezepte sind relativ fettarm sowie kohlenhydrat- und kalorienberechnet. Die Rezepte sind ballaststoffreich und enthalten viele lebens-

notwendige Vitamine und Mineralstoffe. Sie helfen so auch beim Abnehmen. Unsere alltagsgerechten, abwechslungsreichen Kochrezepte kombinieren wir in diesem Buch mit interessanten und wichtigen Informationen rund um das Thema Diabetes mellitus. Zögern Sie nicht, sich bei uns zu melden, wenn Sie Fragen oder Anregungen haben.

Wir wünschen Ihnen Gesundheit und viel Spaß beim Nachkochen der Rezepte.

Ihr

Sven-David Müller
Master of Science in Applied Nutritional Medicine (Angewandte Ernährungsmedizin)
Staatlich anerkannter Diätassistent und Diabetesberater DDG

Ihre

Christiane Weißenberger
Staatlich anerkannte Diät- und Diabetesassistentin DDG

Volkskrankheit Diabetes mellitus

In Deutschland leiden fünf bis acht Prozent der Bevölkerung – also 4,1 bis 6,6 Millionen Menschen – an Diabetes mellitus. Diabetes mellitus ist weltweit eine Krankheit, die in allen Bevölkerungsschichten vorkommt. Oft wird die chronische Stoffwechselkrankheit Diabetes mellitus auch heute noch in der Umgangssprache als „Zuckerkrankheit" bezeichnet. Diese Bezeichnung ist jedoch irreführend: Denn Diabetes mellitus betrifft nicht nur den Zuckerstoffwechsel, und Zucker löst die Krankheit auch nicht aus.

Die Ursachen der Krankheit sind vielfältig. Grundsätzlich entsteht Diabetes mellitus durch erhöhte Blutzuckerwerte (Hyperglykämie), die durch eine defekte oder fehlende Insulinsekretion (Absonderung von Insulin aus den insulinproduzierenden Zellen ins Blut), durch eine mangelnde Insulinwirkung an den Zellen oder durch beides hervorgerufen werden.

Ab einer bestimmten Blutzuckerhöhe muss mehr Urin produziert werden, um den Traubenzucker (Glukose) aus dem Blut über den Urin auszuscheiden: Der Urin schmeckt süß. So kam es auch zur Bezeichnung Diabetes mellitus, was übersetzt so viel wie „honigsüßer Durchfluss" bedeutet.

Unbehandelt führt der Diabetes mel-

litus aber nicht nur zu einer Hyperglykämie. Denn neben der Verstoffwechselung von Zucker (Kohlenhydraten) ist auch der Eiweiß- und Fettstoffwechsel gestört. Diabetiker leiden also behandelt und noch mehr unbehandelt unter krankhaften Veränderungen des Gesamtstoffwechsels. Je besser die Blutzuckereinstellung, desto weniger krankhafte Veränderungen treten im Stoffwechsel auf. Dadurch wird der Organismus weniger geschädigt, und diabetesbedingte Folgekrankheiten treten an den kleinen und großen Blutgefäßen vermindert und verlangsamt auf.

Formen des Diabetes mellitus

Die unterschiedlichen Erscheinungsformen des Diabetes mellitus werden eingeteilt in:

■ **Diabetes mellitus Typ 1**
Bei dieser Form werden die insulinproduzierenden Zellen in der Bauchspeicheldrüse zerstört, und es kommt zum Insulinmangel. Typ-1-Diabetiker müssen ihr Leben lang Insulin spritzen.

■ **Diabetes mellitus Typ 2**
Diese Diabetesform geht mit einer Insulinresistenz einher, das heißt die Glukoseverwertung in der Zelle ist gestört, und/oder mit einem Defekt der Insulinsekretion in der Bauchspeicheldrüse.

■ **Schwangerschaftsdiabetes**
Im Rahmen einer Schwangerschaft – vor allem bei übergewichtigen Schwangeren – kann ein Diabetes mellitus (Gestationsdiabetes) entstehen. Ein Risiko für Mutter und Kind, weshalb es sehr wichtig ist, dass die Schwangere gut eingestellt wird. In der Regel bildet sich die diabetische Störung nach der Entbindung wieder zurück. Ungefähr 30 Prozent der Frauen mit Schwangerschaftsdiabetes entwickeln aber in späteren Jahren eine diabetische Stoffwechsellage (insbesondere einen Typ-2-Diabetes).

■ **Andere Formen** des Diabetes mellitus
Diese treten als Folge von Erkrankungen oder Einflüssen auf, zum Beispiel von Erkrankungen der Bauchspeicheldrüse, Hormonstörungen, Infektionen, Medikamenten (beispielsweise Kortison) oder Chemikalien.

Was ist Diabetes mellitus Typ 1, was Typ 2?

Diabetes mellitus hat in allen Formen – trotz unterschiedlicher Ursachen – grundsätzlich dieselben Symptome, das Hauptsymptom ist der erhöhte Blutzuckerspiegel (Hyperglykämie). Typische Symptome eines Diabetes mellitus sind:
- starker Durst,
- Harndrang (auch nachts) bei großer Harnproduktion,
- schlecht heilende Wunden,
- Neigung zu Infektionen,
- Hautjucken (auch im Genitalbereich),
- erhöhter Blutzucker,
- Urinzuckerausscheidung,
- schlechtes Allgemeinbefinden, Leistungsminderung,
- Sehschwankungen,
- Übelkeit und Erbrechen,
- Impotenz.

Beim **Typ-1-Diabetes** kommt es zur Zerstörung der Beta-Inselzellen der Langerhans-Zellen der Bauchspeicheldrüse, die für die Insulinproduktion zuständig sind, und somit zu einem absoluten Insulinmangel. Dieser führt wiederum zu einem erhöhten Blutzuckerspiegel. Der Typ-1-Diabetes zählt zu den Autoimmunerkrankungen: Körpereigene Stoffe (Autoantikörper) greifen fälschlich die insulinproduzierenden Zellen an und zerstören sie. Nur fünf Prozent der Diabetiker leiden an Diabetes mellitus Typ 1.

Beim **Typ-2-Diabetes** liegt in der Regel eine Insulinresistenz vor, das heißt die Glukoseverwertung in der Zelle ist gestört, die Insulinrezeptoren der Zelle funktionieren nicht mehr richtig. Oder aber die Inselzellen der Bauchspeicheldrüse geben zu wenig Insulin ab, in manchen Fälle beides.

Einem Typ-2-Diabetes geht oftmals über einen längeren Zeitraum ein leicht erhöhter Blutzucker zwischen 110 und 120 mg/dl (6,1–6,7 mmol) voraus.

Der Typ-2-Diabetes tritt in zwei Dritteln der Fälle familiär gehäuft auf. Wenn ein Elternteil an dieser Diabetesform erkrankt, liegt die Wahrscheinlichkeit, auch einen Diabetes mellitus zu entwickeln, bei 50 Prozent. Da Faktoren wie falsche Ernährung, Übergewicht und Bewegungsarmut entscheidend für die Entstehung des Diabetes mellitus Typ 2 sind, kann man dieser Erkrankung entsprechend vorbeugen.

Was Sie über Insulin und den Blutzucker wissen sollten

Der zu hohe Blutzucker ist das Symptom aller unbehandelten Diabetiker. Wie kommt es dazu?

Alle Körperzellen nutzen eine Energieform, die als Glukose bezeichnet wird. Ihr Körper stellt diese Glukose aus der Nahrung her und schickt den Traubenzucker in den Blutkreislauf. Dort steht der Zucker „Glukose" jeder Zelle zur Verfügung. Aber ohne den richtigen Schlüssel, das Insulin, kann keine Zelle die Energie aufnehmen und nützen. Deswegen entsteht ein hoher Blutzuckerspiegel mit allen seinen gefährlichen Folgen.

Beim **Typ-1-Diabetes** wird das Insulin im Körper nicht bereitgestellt und der Patient braucht Insulin über Spritzen, Pens oder Pumpen. Die Ursachen hierfür können Virusinfekte bzw. Autoimmunerkrankungen sein, bei denen das Immunsystem körpereigene Zellen angreift.

Beim **Typ-2-Diabetes** können unsere Zellen nicht mehr ausreichend auf Insulin reagieren. Die „Empfangs-Chefs" (= Insulinrezeptoren) auf der Zellmembran arbeiten nicht richtig. Somit kann die im Blut gelöste Glukose nicht in die Zelle aufgenommen werden.

> Ein Diabetes mellitus liegt vor, wenn der Blutzuckerspiegel nüchtern gemessen wiederholt über 126 mg/dl (= > 7 mmol/l) beträgt.

Eine gute Blutzuckereinstellung ist möglich, wenn Diabetiker regelmäßig selbst ihren Blut- und/oder Harnzuckerwert überprüfen und in einem Tagebuch protokollieren. Für die Blutzuckermessung gibt es heute Messgeräte, die in Sekunden den Blutzuckerwert bestimmen. Auch das lästige Piksen ist nicht mehr notwendig, da es Blutzuckermesssysteme gibt, die mit einem Sensor am Oberarm oder in der Bauchgegend arbeiten. Diese Selbstkontrolle, ausführliche Schulung und ärztliche Behandlung gewährleisten ein nahezu normales Leben für Diabetiker und beugen den gefürchteten Folgekomplikationen an Blutgefäßen, Augen, Nieren und Nerven und dem diabetischen Fußsyndrom vor. Zur Vermeidung von Folgekomplikationen ist es auch wichtig, optimale Blutdruckwerte (maximal 135/85 mmHg) zu erreichen.

Der HBA1c-Wert ist eine gute Kontrolle

Der HBA1c-Wert ist ein Langzeit-Blutzuckerwert, mit dem der durchschnittliche Blutzuckerspiegel der letzten sechs bis zehn Wochen ermittelt werden kann. Es handelt sich hier um den Anteil des roten Blutfarbstoffs (das Hämoglobin), der mit Traubenzucker verbunden ist. Je mehr Traubenzucker im Blut ist, desto mehr Blutfarbstoff wird verzuckert. Aber der Blutzuckerspiegel muss über eine gewisse Zeit erhöht sein, da die Verzuckerung nicht sofort stattfindet. Kurzfristige Blutzuckerspitzen bilden sich daher im HBA1c nicht ab. Bei Gesunden liegt der Wert bei vier bis fünf Prozent.

Da sich die Normbereiche für den HBA1c-Wert von Labor zu Labor unterscheiden, muss mit dem Wert auch der jeweilige Normbereich des Labors angegeben werden. In der Diabetestherapie ist das Ziel, einen HBA1c-Wert zu erreichen, der möglichst nahe am Normbereich liegt, da dann ein weitgehender Schutz vor Folgeschäden besteht.

> **HBA1c-Wert**
> optimale Einstellung: < 6 %
> akzeptable Einstellung: < 7 %
> noch akzeptable Einstellung: < 8 %
> schlechte Einstellung: > 9 %

Die Diabetestherapie

Das Ziel jeder Diabetestherapie ist zu gewährleisten, dass Diabetiker eine hohe Lebensqualität erreichen, bei der sie sich rundum wohl fühlen. Jeder Diabetiker hat es dabei selbst in der Hand, wie hoch seine Lebensqualität ist!

Typ-1-Diabetiker werden immer mit Insulin behandelt. Bei der Ernährung müssen die Brot- oder Berechnungseinheiten (BE) exakt berechnet werden, damit eine Über- oder Unterzuckerung vermieden wird. Teilweise werden die blutzuckerrelevanten Kohlenhydrate auch als Kohlenhydrateinheit (KE oder KHE) berechnet. Für die Insulintherapie können verschiedene

Insulinpräparate oder Insulinanaloga mit unterschiedlicher Wirkung und Zusammensetzung verwendet werden. Insulin kann nicht als Tablette eingenommen werden, da es verdaut würde und damit keine Wirkung hätte. Insulin kann mit Einmalinsulinspritzen oder einem Insulinpen gespritzt werden. Insulinpumpen befördern das Insulin über einen Katheder ins Unterhautfettgewebe von Armen, Bauch, Po oder Oberschenkeln. Hierhin wird das Insulin auch mit Spritzen oder Pens befördert.

Die Insulindosis ist an den gemessenen Blutzuckerwert, die Nahrungsaufnahme zur Abdeckung der BE und die körperliche Aktivität und den Grundbedarf des Körpers anzupassen. Denn Bewegung reduziert den Insulinbedarf und lässt Insulin besonders gut wirken.

Insulin wirkt im Tagesverlauf mit unterschiedlicher Intensität. Das ist insbesondere auf den Hormonstatus des Körpers zurückzuführen. Der Insulinbedarf ist morgens mit einer bis drei Einheiten pro BE besonders hoch, mittags mit 0,5 bis 1,5 Einheiten pro BE besonders niedrig und abends mit 1,0 bis 2,0 Einheiten pro BE im Mittelfeld. In der Nacht spricht der Körper besonders gut auf Insulin an. Das muss beachtet werden, wenn Blutzuckerwerte erhöht sind und korrigiert werden sollen.

Bei **Typ-2-Diabetikern** (mit Übergewicht) ist jedoch in erster Linie eine Bewegungs- und Ernährungstherapie sinnvoll, die das Gewicht dauerhaft reduziert. In der Regel ist zur Normalisierung des Blutzuckerspiegels eine Gewichtsabnahme von fünf bis zehn Prozent vom Ausgangsgewicht ausreichend. Direkt nach der Diagnosestellung sind mindestens zwei Drittel der übergewichtigen Patienten allein durch ein zielgerichtetes Gewichtsmanagement und die sportliche Aktivierung „heilbar", die Blutzuckerwerte normalisieren sich.

Einige der oralen Antidiabetika – also Medikamente, die man als Tablette oder Ähnliches gegen den Diabetes mellitus einnehmen kann – unterstützen die Gewichtsabnahme und wirken der Insulinresistenz entgegen. Andere bewirken leider auch eine Gewichtszunahme. Lediglich Patienten, die trotz Gewichtsreduktion noch erhöhte Blutzuckerwerte haben, sollten diese Medikamente, die die Bauchspeicheldrüse in der Insulinproduktion anregen, bekommen. Die Ernährung muss sich bei Typ-2-Diabetikern ohne Insulinbehandlung nicht nach einer starren BE-/KE-Verteilung richten, sondern beispielsweise nach der angestrebten Gewichtsreduktion.

Sind die Tabletten nicht mehr ausreichend wirksam, werden Typ-2-Diabetiker zusätzlich mit Insulin behandelt.

Krankheiten, die den Diabetes mellitus begleiten

Bei **Typ-2-Diabetikern** sind die Erkrankungen des sogenannten metabolischen Syndroms (Bluthochdruck, Übergewicht,

Fettstoffwechselstörungen) häufig festzustellen. Der Bluthochdruck ist oft auch auf die diabetesbedingten Veränderungen der Nieren und Blutgefäße zurückzuführen.

Eine Studie konnte zeigen, dass die optimale Einstellung des Blutdrucks die Wahrscheinlichkeit, Folgekomplikationen des Diabetes zu entwickeln, mindestens genauso vermindert wie die optimale Blutzuckereinstellung. Daher sollten Diabetiker auch den Blutdruck selbst bestimmen und die gemessenen Werte protokollieren.

Bluthochdruck bekämpfen bedeutet in erster Linie den Abbau von Übergewicht!

Außerdem ist es wichtig, nicht zu viel Salz zuzuführen. Noch wichtiger und effektiver als eine salzarme Kost ist eine reichliche Kaliumzufuhr über Gemüse und Obst. Außerdem hat Magnesium blutdrucksenkende Effekte. Dies trifft auch für Omega-3-Fettsäuren zu, z. B. in Form von Fischölkapseln aus der Apotheke. In der Regel ist eine Dosis von 500 bis 1000 mg Fischöl ausreichend. Zudem senken die in Fischöl reichlich vorkommenden Omega-3-Fettsäuren den Triglyzerid-Spiegel und verbessern die Blutfließeigenschaften; sie haben auch eine positive Wirkung auf die Nieren des Diabetikers.

Diabetes mellitus ist die häufigste Ursache für eine sekundäre Fettstoffwechselstörung. Das trifft insbesondere für Typ-2-Diabetiker zu, aber auch Typ-1-Diabetiker haben oftmals ungünstig veränderte Blutfettwerte (hohes schlechtes Cholesterin = LDL, niedriges gutes Cholesterin = HDL und hohe Triglyzeride). Um eine Fettstoffwechselstörung zu bekämpfen, muss man den Cholesterinwert im Blut senken. Das Cholesterin lässt sich durch eine Veränderung der Fettzufuhr (siehe auch Seite 17) einstellen. Viel wichtiger ist jedoch die regelmäßige körperliche Aktivität. Das ist nämlich der beste Weg, das gute Cholesterin (HDL) zu erhöhen und das schädliche LDL zu senken Die Einschränkung des Nahrungscholesterins ist jedoch in der Regel wenig Erfolg versprechend, da die meisten Menschen darauf nicht mit einer Absenkung des Cholesterins im Blut reagieren.

Menschen, die unter Fettstoffwechelstörungen leiden, sollten keinen Alkohol trinken. Alkohol ist ein Giftstoff, der sich negativ auf den Stoffwechsel auswirkt. Grundsätzlich sind Alkoholika – auch der gepriesene Rotwein – nicht gut für Diabetiker.

Gesund essen bei Diabetes

Eine diabetesgerechte Ernährung gehört zu den Grundlagen einer optimalen Diabetesbehandlung. Die Diabetesdiät sorgt für gute Blutzuckerwerte und verbessert alle Stoffwechselwerte. Die Ernährungsweise des Diabetikers muss so ausgerichtet sein, dass sie auch eine Verminderung der Gefäßverkalkung erreicht und der Entstehung einer diabetischen Nierenschädigung – soweit möglich – vorbeugt. Zudem sollte das Gewicht von Diabetikern immer möglichst normal sein. Übergewicht ist ein extremer Risikofaktor und muss abgebaut werden: Für Typ-2-Diabetiker gilt, dass sie einfach nur abnehmen müssten, um ihre erhöhten Blutzuckerwerte zu normalisieren.

Grundsätzlich unterscheidet sich die Ernährungsweise des insulinpflichtigen Diabetikers deutlich von der des übergewichtigern Diabetikers. Insulinpflichtige Diabetiker stimmen die Insulindosierung auf die Kohlenhydratzufuhr ab und kalkulieren die Berechnungs-, Brot- oder Kohlenhydrateinheiten (= BE oder KE/KHE oder Schätzwerte). Dabei entspricht eine BE etc. zehn bis zwölf Gramm verwertbaren blutzuckerrelevanten Kohlenhydraten.

Die übergewichtigen Typ-2-Diabetiker hingegen müssen durch eine Berechnung und Einschränkung der Kalorien ihr Übergewicht abbauen. Lediglich schlanke Typ-2-Diabetiker, die Insulin spritzen, müssen auch die BEs oder KEs berechnen.

Was Sie über Nährstoffe wissen sollten

Wir essen von einigen Nahrungsinhaltsstoffen zu viel, von anderen zu wenig und insgesamt ernähren wir uns im Durchschnitt zu kalorienreich. Die Folgen der Fehlernährung sind ernährungsbedingte Krankheiten. Um hier gegensteuern zu können, muss man erst einmal den Energiegehalt der Nährstoffe kennen. Zu den Nährstoffen gehören Kohlenhydrate, Eiweiße (Proteine) und Fette (Lipide).

1 g Eiweiß	4 kcal
1 g Fett	9 kcal
1 g Kohlenhydrate	4 kcal
1 g Alkohol	7 kcal

Keine Angst vor Kohlenhydraten

Kohlenhydrate sind die einzigen Nährstoffe, die einen direkten Einfluss auf den Blutzuckerspiegel haben. Viele Kohlenhydrate erhöhen den Blutzuckerspiegel und dafür wird Insulin benötigt. Trotzdem sollten sie nicht aus dem Speiseplan des Diabetikers verschwinden. Ihr Anteil an der Gesamtaufnahme sollte genauso hoch wie beim Gesunden sein. In der Vergangenheit wurde allen Menschen empfohlen, mindestens 50 Prozent der Gesamtkalorienzufuhr über Kohlenhydrate aufzunehmen. Heute ist wissenschaftlich geklärt, dass auch 40 Prozent eine gesunde Ernährungsweise ausmachen können, wenn auf

Art der Kohlenhydrate	Anstieg des Blutzuckerspiegels
zuckerhaltige Getränke, Zucker, Süßigkeiten*	sehr schnell
Weißmehlprodukte und Obst	schnell
Vollkorngetreideprodukte und Pellkartoffeln	langsam
Kohlenhydrate aus Milch	sehr langsam
Kohlenhydrate aus rohem Gemüse und Hülsenfrüchten	extrem langsam

* Ausnahme: Fettreiche Süßigkeiten wie z. B. Schokolade, da die Resorption des Zuckers durch den hohen Fettgehalt verlangsamt wird.

der anderen Seite 35 bis 40 Prozent hochwertige Fette aufgenommen werden. Es ist grundsätzlich sinnvoll, die Kohlenhydrate auf mehrere Mahlzeiten aufzuteilen, um starke Blutzuckerschwankungen zu vermeiden. Kohlenhydrate werden vom Körper unterschiedlich schnell aufgenommen und erhöhen deshalb in ungleichem Maße die Blutzuckerwerte.

Diabetiker sollten auf kohlenhydrathaltige Lebensmittel zurückgreifen, die den Blutzuckerspiegel langsam ansteigen lassen. Besonders empfehlenswert sind grobe Vollkornprodukte, Frischobst mit Schale, Gemüse, Hülsenfrüchte, Pilze und Frischkornbrei, da sie stark sättigend wirken, den Blutzucker relativ langsam ansteigen lassen und reich an Ballaststoffen, Vitaminen und Mineralstoffen sind.

Da Typ-1-Diabetiker immer mit Insulin behandelt werden, muss auf die den Blutzucker erhöhenden Kohlenhydrate besonders geachtet werden. Es muss gewährleistet sein, dass sich die Kohlenhydratmenge, die nach BE etc. berechnet wird, mit der Insulindosis die Waage hält. So lassen sich Über- und Unterzucker vermeiden (Gefahr eines diabetischen Komas!).

Die moderne Insulintherapie gibt jedoch die Möglichkeit einer freien BE-Menge. Eine konventionelle Insulintherapie erfordert meist eine strikte Einhaltung der BE-Menge, der BE-Aufteilung und der Zwischenmahlzeiten.

Ballaststoffe sind wichtig für Diabetiker

Zu den Kohlenhydraten zählen auch die Ballaststoffe. Sie kommen ausschließlich in pflanzlichen Lebensmitteln vor. Ballaststoffe in der Ernährung sorgen für eine gesunde Darmtätigkeit und ein erhöhtes Sättigungsgefühl nach dem Essen. Hinzu kommt, dass sie den Blutzucker nur langsam ansteigen lassen und den Blutcholesterinspiegel senken.

Ballaststoffreiche Lebensmittel sind Getreideprodukte, Obst, Gemüse, Hülsenfrüchte und Ballaststoffkonzentrate wie Weizenkleie, Haferkleie oder Plantago-ovata-Samenschalen. Pro Tag sollten mit der Nahrung ungefähr 40 Gramm Ballaststoffe aufgenommen werden.

Sonderfall Zucker

Zucker gehört ebenfalls zu den Kohlenhydraten. Während früher Haushaltszucker (Saccharose) für den Diabetiker tabu war, ist man heute der Meinung, dass kleine Mengen Zucker durchaus für den Diabetiker geeignet sind, aber nur unter folgenden Voraussetzungen:

- gute Stoffwechseleinstellung,
- regelmäßige Selbstkontrolle,
- nicht in Form von Getränken,
- nicht in reiner Form, sondern in Lebensmitteln „verpackt".

Zum Süßen von Getränken eignen sich kalorienfreie Süßstoffe. Spezielle Diätprodukte gibt es nicht mehr, da sie überflüssig sind. Auch die sogenannten Zuckeraustauschstoffe (Isomalt, Sorbit) besitzen keinen entscheidenden Vorteil für den Diabetiker, sie wirken zum Teil sogar abführend oder blähend.

Fett macht nicht immer fett und krank

Über Jahrzehnte hieß es von Diätassistenten und Ärzten „Fett macht fett!". Inzwischen ist klar, dass eine kalorienreiche Ernährungsweise bei Bewegungsmangel dick macht. Experten empfehlen, dass man auch mit einer sogenannten Low-Carb-Diät abnehmen kann. Also eine Ernährungsweise, die maximal 40 Prozent Kohlenhydrate enthält und mit 35 bis 40 Prozent Fett relativ fettreich ist. Wenn Sie übergewichtig sind, sollten Sie versuchen, weniger Kalorien zu sich zu nehmen, als Ihr Körper verbraucht. Eine streng fettarme Kost muss heute kein Diabetiker mehr einhalten. Trotzdem enthält ein Gramm Fett doppelt so viele Kalorien wie Kohlenhydrate und Eiweiß. Grundsätzlich sollte die gesamte Fettmenge nicht mehr als 40 Prozent der Gesamtaufnahme (maximal 90 Gramm Fett pro Tag bei einer normalen Kalorienaufnahme oder 60 Gramm bei einer Diät mit 1400 Kalorien) ausmachen, es sollten Fette überwiegend pflanzlichen Ursprungs zugeführt werden. Die allgemeine DGE-Empfehlung lautet, zehn Prozent aus gesättigten (hauptsächlich in tierischen Fetten wie Fleisch, Milch und Milchprodukten, und besonders Butter oder Schmalz), sieben bis zehn Prozent aus mehrfach ungesättigten (z. B. in Rapsöl, Leinöl, Walnussöl oder Sojaöl) und zehn bis 13 Prozent der Gesamtenergiemenge aus einfach ungesättigten Fettsäuren (zum Beispiel in Raps-, Leinöl und Margarine) zuzuführen. Zudem sollten möglichst wenig Transfettsäuren, die reichlich in Butter, Butterschmalz, Sahne, fettem Käse und Fast Food enthalten sind, aufgenommen werden.

Während gesättigten Fettsäuren die Insulinresistenz (die mangelnde Wirksamkeit von Insulin beim Typ-2-Diabetiker) fördern, wirken sich einfach und mehrfach ungesättigte Fettsäuren sowie Omega-3-Fettsäuren positiv auf die Insulinwirkung sowie die Blutzuckereinstellung aus. Daher sollten Diabetiker gesättigte Fettsäuren weitgehend meiden und ausreichend einfach ungesättigte Fettsäuren sowie Omega-3-Fettsäuren aufnehmen (Wildlachs, Hering, Makrele oder Fischölkapseln aus der Apotheke).

Phytosterine, die in vielen Spezialmargarinen enthalten sind, sind in der Lage, das Cholesterin deutlich zu senken, daher sollten Diabetiker ausreichend Phytosterine beispielsweise über eine Diäthalbfettmargarine mit Phytosterinen aufnehmen.

Zu viel Eiweiß bei Diabetes ist schädlich

Eine eiweißreiche Kost wirkt sich negativ bei Diabetes mellitus aus. Das Eiweiß aus Soja, Sojaprodukten sowie Fisch hat jedoch gute Auswirkungen bei Diabetikern. Daher sollte Soja regelmäßig und Fisch mindestens zweimal wöchentlich auf dem Speiseplan stehen. Mit Fisch nehmen Sie gleichzeitig die wichtigen Omega-3-Fettsäuren sowie gesundheitsfördernde Vitamine wie Vitamin D und Mineralstoffe wie Jod auf.

Insgesamt sollten nicht mehr als 15 Prozent der Gesamtenergie (ca. 100 Gramm Eiweiß pro Tag) mit der Nahrung zugeführt werden.

Vitamine und Mineralstoffe

Die Vitamine A, C, und E sowie einige sogenannte sekundäre Pflanzenstoffe sind in der Lage, freie Radikale zu neutralisieren. Sie tragen somit zur Vorbeugung der typischen diabetischen Folgeschäden, wie z. B. Durchblutungsstörungen, bei. Diese In-

haltsstoffe sind vor allem in frischem Obst, Nüssen, Pflanzenölen und Gemüse enthalten. Deshalb sollten diese Nahrungsmittel täglich auf dem Speiseplan stehen.

Von den Mineralstoffen sind vor allem Zink und Chrom wichtig: Zink ist an der Insulinspeicherung beteiligt, es ist Bestandteil des Insulins und wahrscheinlich auch für dessen Wirkung an der Zelle erforderlich. Zink ist unter anderem auch für den Kohlenhydratstoffwechsel und den Ausgleich des Blutzuckerspiegels wichtig.

Diabetiker, die oft einen niedrigeren Zinkspiegel als Gesunde haben und Zink vermehrt über den Urin ausscheiden, sollten täglich 15 bis 30 Milligramm Zink einnehmen. Das verbessert die Blutzuckerwerte.

Chrom verstärkt die Insulinwirkung und wird für den optimalen Blutzuckerausgleich benötigt. Bei Diabetikern ist mit einer verstärkten Ausscheidung von Chrom im Urin zu rechnen, deshalb sollten Diabetiker täglich 200 bis 400 Mikrogramm Chrom einnehmen.

Zimt gegen Diabetes?

Zimt ist in der Lage, den Blutzucker von Diabetikern zu senken. Natürlich kann es weder Tabletten noch Insulin ersetzen, Zimt kann die Diabetestherapie nur unterstützen. Die Inhaltsstoffe von Zimt können, wie in einer Studie nachgewiesen, den Blutzuckerspiegel um 20 bis 30 Prozent senken und zusätzlich das gefäßschädliche LDL-Cholesterin reduzieren. Damit reduziert die Einnahme von Zimt nicht nur den Blutzuckerspiegel selbst, sondern auch das Risiko für Herz-Gefäß-Erkrankungen von Diabetikern.

Diabetiker sollten schlank sein

Da Typ-1-Diabetiker fast immer schlank sind, müssen sie in der Regel nicht kalorienreduziert essen. Anders sieht es bei Typ-2-Diabetikern aus, denn eine Normalisierung des Gewichts reicht oftmals schon aus, auch die Blutzuckerwerte abzusenken.

Um abzunehmen gibt es nur zwei Möglichkeiten: weniger Kalorien zuführen oder mehr Kalorien verbrauchen. Ideal ist es, wenn die Kalorienzufuhr eingeschränkt wird und gleichzeitig die Bewegung durch mehr Alltagsbewegung und Sport zu einem erhöhten Kalorienverbrauch führt. Rund 7000 Kilokalorien müssen eingespart und mehr verbraucht werden, um ein Kilogramm Körperfett abzubauen. Vor diesem Hintergrund ist es sinnvoll, alle 14 Tage ein Kilogramm Körperfett abzubauen. Dafür sollte die Energiezufuhr 500 Kilokalorien unterhalb des Verbrauches liegen. Damit enthält eine optimale Reduktionskost für Diabetiker zwischen 1250 und 1800 Kilokalorien. Um die Kalorienzufuhr einzuschränken, ist es sinnvoll, die Zufuhr von Zucker und Weißmehlprodukten sowie gesättigten Fettsäuren einzuschränken.

Das Körpergewicht wird heute anhand des sogenannten Body-Mass-Index (BMI) bewertet. Dieser berechnet sich aus dem Körpergewicht und der Körpergröße:

$$\frac{\text{Körpergewicht in kg}}{\text{Körperlänge in m} \times \text{Körperlänge in m}}$$

Idealerweise liegt der Body-Mass-Index bei Diabetikern zwischen 20 und 25. Es darf aber nie vergessen werden, dass selbst bei stark übergewichtigen Patienten, die 120 und mehr Kilogramm auf die Waage bringen, eine Gewichtsabnahme von wenigen Kilogramm – also 3, 5 oder 10 Kilogramm – schon den Blutzuckerspiegel normalisiert.

> BMI ab 40: extremes Übergewicht – zwingend abnehmen
> BMI 30–39: Übergewicht – dringend abnehmen
> BMI 26–29: leichtes Übergewicht – abnehmen
> BMI 18,5–25: Ihr Gewicht ist okay – Gewicht beibehalten
> BMI < 18,5: Untergewicht – zunehmen erforderlich

Richtig trinken bei Diabetes

Jeder Mensch sollte täglich mindestens zwei Liter trinken. Diabetiker sollten jedoch darauf achten, dass sie zuckerfreie und Diabetiker-Getränke zu sich nehmen, z. B. Mineralwasser, Kräutertees, Schwarztee, süßstoffgesüßte Limonaden oder Colagetränke und Kaffee (maximal drei bis vier Tassen pro Tag). Gesüßt werden sollte nur mit Süßstoff.

Alkohol enthält viele Kalorien!

Alkohol ist ein energiereicher Stoff, der im Übermaß aufgenommen zu Krankheiten führen kann und eine große Suchtgefahr darstellt. Die gesundheitlich positiven Effekte, die durch Alkoholika hervorgerufen werden, stehen weit hinter den Gefahren, so dass ein übermäßiger Alkoholkonsum nicht anzuraten ist.

Bei übergewichtigen Diabetikern ist aber auch der hohe Energiegehalt zu beachten. Weiterhin fördert Alkohol die Entstehung von Bluthochdruck und Fettstoffwechselstörungen, also weiteren Risikofaktoren, die Erkrankungen der Gefäße – besonders bei Diabetikern – begünstigen können. Wichtig ist, dass Alkohol den Blutzucker senkt und zu schwerwiegenden Unterzuckerungen führen kann.

30 Ernährungstipps für das tägliche Leben

30 Tipps sollen Ihnen als Diabetiker helfen, einige Dinge bei Ihrer Ernährung zu beachten und entsprechend Ihrer Krankheit zu verändern. Sie werden sehen, dass Sie oft mit nur kleinen Dingen Ihren Speiseplan bereichern und abwechslungsreich gestalten können. Und Sie werden sehr schnell merken, dass die Diagnose „Diabetes" nicht bedeutet, dass Sie von nun an keinen Spaß mehr am Essen haben. Im Gegenteil – unsere Ratschläge erleichtern die Auswahl und Zusammenstellung Ihrer Mahlzeiten und zeigen Ihnen, worauf Sie achten müssen.

1 Probieren Sie einmal Gemüse und Kräuter (z. B. Tomatenscheiben mit Basilikum bestreut) als alternativen, kalorienarmen Brotbelag. Gemüse und Kräuter enthalten viele Vitamine, Mineralstoffe, sekundäre Pflanzenstoffe und Ballaststoffe. Sie machen satt, schmecken gut und eignen sich hervorragend als Ersatz für Streichfette. Geben Sie ein Salatblatt oder saftiges Gemüse anstatt Aufstrichfett unter den Wurst- oder Käsebelag.

2 Ein Joghurt oder Kompott als kalorienarme Zwischenmahlzeit sättigt besser, wenn es mit Weizen- oder Haferkleie oder trocken (das bedeutet ohne Fett) angerösteten Leinsamen angereichert wird. Damit die enthaltenen Ballaststoffe gut aufquellen können, ist es notwendig, dass Sie ¼ Liter Tee oder Mineralwasser dazu trinken. Unser Beispiel: 1 Becher Naturjoghurt (1,5 % Fett), Süßstoff, Zimt, ½ frisch geriebener Apfel, Vanillearoma, 1 EL Haferkleie und 1 EL trocken angeröstete Leinsamen mit einem großen Glas Mineralwasser mit einen Spritzer Zitronensaft (eventuell mit flüssigem Süßstoff gesüßt).

> Müsli enthält reichlich Ballaststoffe, erhöht den Blutzuckerspiegel langsam und macht lange satt.

3 Sie sparen reichlich Kalorien ein, wenn Sie Fischkonserven auswählen, die im eigenen Saft (naturell) anstatt in Öl angeboten werden (anstatt Thunfisch in Öl Thunfisch naturell). Sehr fett- und kalorienreich ist auch Hering in Tomatensoße.

kartoffeln mit selbst gemachtem Kräuterquark oder bereiten Sie Ihre Kartoffeln auf dem Backblech mit etwas Kümmel oder Knoblauch zu.

7 Fruchtsaft erhöht den Blutzuckerspiegel rasch und eignet sich optimal zur Bekämpfung einer Unterzuckerung. Als Getränk ist er für Diabetiker weniger empfehlenswert. Mineralwasser, süßstoffgesüßte Lightgetränke, Kaffee, schwarzer Tee, Kräutertee und Früchtetee können unberechnet getrunken werden. Fruchtsaft als Schorle, bei einer Mischung aus 1/4 Fruchtsaft und 3/4 Mineralwasser, ist bis zu einer Menge von 1/4 Liter unberechnet geeignet.

Besser: kurz angedünstetes Kabeljaufilet mit frischen Tomaten in Joghurt-Kräuter-Dressing.

4 Eine wohlschmeckende Alternative zum Braten bzw. Gulasch aus Rind- und Schweinefleisch ist ein Ragout mit Fisch oder ein Gulasch mit Geflügel. In vielen Gegenden ist Frischfisch relativ teuer. Tiefgefrorener Kabeljau, Seelachs und auch Forellen sind günstiger und gut zu lagern.

5 Probieren Sie zum Mittagessen ein vegetarisches Gericht: Eine Gemüseplatte aus Spinat mit wenig saurer Sahne, jungen Karotten mit Dill, Grilltomate mit Knoblauch und gedünstetem Champignon-Zwiebel-Gemüse mit Schnittlauch. Dazu passt getoastetes Vollkornbrot oder ein Risotto aus Naturreis.

6 Kartoffeln sind keine Dickmacher, es sei denn, Sie machen sie dazu. Es gibt viele kreative Alternativen zur langweiligen Salzkartoffel. Probieren Sie Pell-

8 Wenn Sie Gulasch oder Geschnetzeltes mit viel Gemüse zubereiten, können Sie Kalorien sparen und gleichzeitig mehr Ballaststoffe aufnehmen. Rechnen Sie für eine Portion 125 g fein geschnittenes Rind- oder Schweinefleisch sowie 250 g Gemüse wie Champignons, Paprika, Karotten, Zwiebeln, Zucchini oder ähnliches. Pikant marinierter Tofu kann Fleisch ersetzen.

9 Um den Speiseplan auch mit fettreicherem Belag wie Torten-Brie oder Leberwurst gestalten zu können, verzichten Sie auf Butter oder Margarine darunter. Stattdessen streichen Sie unter die Leberwurst herzhaften Senf, unter den Brie leicht gezuckerte oder mit Süßstoff gesüßte Konfitüre oder Tomatenmark. Meerrettich, Quark, Frischkäse (eventuell mit Kräutern) oder Landrahm können Streichfette ebenfalls kalorienarm ersetzen.

10 Haben Sie einmal versucht, Kräuterquark anstatt Kräuterbutter zu Spießen, kurzgebratenem Fleisch oder gegrilltem Fisch zu essen? Handelsüblicher

Kräuterquark enthält in der Regel allerdings reichlich Fett (meist 40 % F.i.Tr.). Eine wohlschmeckende Alternative ist selbst zubereiteter Quark aus frischen Kräutern, fein gehackten Zwiebeln, Knoblauch, Meerrettich, geraspelter Gurke oder Radieschen und Magerquark. Der selbst zubereitete Kräuterquark lässt sich gut einfrieren.

11 Soßenbinder, Mehlschwitzen oder Stärkemehl werden überflüssig, wenn Sie Ihre Soßen mit püriertem Gemüse, Zwiebeln, Tomatenmark oder Kartoffeln andicken. Eine kalorienärmere Alternative zur Soßenzubereitung mit Crème fraîche, Schmand oder Crème double stellt saure Sahne dar. Viele Soßen lassen sich auch mit Kondensmilch (4 % Fett) anstatt mit süßer Sahne verfeinern. Gewöhnungsbedürftige Andickungsalternativen sind Johannisbrotkernmehl, Guarkernmehl oder Fertigprodukte wie Biobin und Nestargel. Beachten Sie bei der Anwendung die Hinweise auf der Verpackung.

12 Für Eintöpfe, Salate oder Gemüse verwenden Sie rohen Schinken anstelle von fettem Speck. Anstatt Wurst können Sie auch Sojaprodukte (Tofu oder Sojawürstchen) als Einlage verwenden.

13 Kartoffelpüree lässt sich mit Meerrettich, frischen Kräutern oder wenig geriebenem Käse variieren. Essen Sie dazu Gemüse und Salat, damit der Blutzuckerspiegel nicht zu rasch steigt.

14 Vollkornbrot ist ideal für Diabetiker. Es versorgt den Körper mit wichtigen Ballaststoffen, Mineralien und Vitaminen. Zudem können Sie es lange aufbewahren. Und getoastet schmeckt

Vollkornbrot noch mal so gut. Vollkornbrot sättigt besser und steigert den Blutzucker langsamer als Graubrot. Je gröber das Vollkornbrot, desto besser.

15 Fleisch verfügt häufig über Fettränder. Es ist nicht sinnvoll, diese vor der Zubereitung zu entfernen. Um den Geschmack zu erhalten, entfernen Sie Fett erst nach der Zubereitung. Kurzgebratenes Fleisch, Fisch oder Geflügel mit Küchenkrepp entfetten.

16 Pflanzenöle wie Rapsöl oder Sojaöl eignen sich im Gegensatz zu Butter oder Margarine gut zum Braten. Butter oder Margarine enthalten viel Wasser und sind deshalb nicht hoch erhitzbar. Sie verbrennen bei hohen Temperaturen und bilden dabei krebserregende Stoffe. Pflanzliche Öle erreichen optimale, fettsparende Brattemperaturen. Wir empfehlen Ihnen Walnussöl oder Rapsöl für den Salat und Soja- oder Rapsöl zum Braten. Für Blattsalate eignen sich Nussöle oder Traubenkernöl.

17 Versuchen Sie einmal gekochte Roggen-, Weizen-, Dinkel- oder Grünkernkörner als Beilage. Die Körner am Vorabend in Wasser einweichen und im Kühlschrank abgedeckt quellen lassen. An nächsten Tag das Einweichwasser abgießen und die Körner in Gemüsebrühe in 45 bis 60 Minuten garen.

18 Um Blutzuckerspitzen zu vermeiden und auch zur besseren Sättigung essen Sie vor den Mahlzeiten Gemüse wie Tomaten, Gewürzgurken, Kohlrabi, Karotten, Paprikaschoten, Radieschen oder Rettich als Salat oder schmackhafte Rohkost, und trinken Sie etwas dazu. Sie können auch Gewürzgurken, Mixed Pickles oder Maiskölbchen vorweg essen. Gemüse ist prinzipiell unberechnet und kalorienarm.

19 Versuchen Sie Rührei einmal anders. Unser Beispiel: 250 g fein geschnittene Champignons, Frühlingszwiebeln und Knoblauch in einem Teelöffel Öl anschwitzen. Ein Ei mit 2 EL Kondensmilch (4 % Fett) verquirlen und über das Gemüse geben. Mit Kräutern bestreuen. Dazu passt getoastetes Vollkornbrot.

20 **Grundrezept Essig-Öl-Marinade (1 Portion):** 1 EL Öl, 1 EL Essig, 1 EL Wasser, ½ TL Senf, ½ kleine Zwiebel, evtl. ½ Knoblauchzehe, frisch gemahlener Pfeffer, fluoridiertes Jodsalz mit Folsäure, Süßstoff nach Belieben, frisch gehackte Kräuter. Essig und Öl mit Wasser und den Gewürzen sowie den gewaschenen Kräutern zu einer einheitlichen Marinade vermengen.

21 **Grundrezept Joghurt-Marinade (1 Portion):** 2 EL Naturjoghurt, Kefir, Dickmilch 1,5 % Fett oder Buttermilch, 1 TL Rapsöl, 1 EL Zitronensaft, 1 EL Wasser, ½ kleine Zwiebel, evtl. ½ Knoblauchzehe, frisch gemahlener Pfeffer, fluoridiertes Jodsalz mit Folsäure, Süßstoff nach Belieben, frisch gehackte Kräuter. Die Zubereitung erfolgt wie bei Punkt 20. Variieren Sie das Grundrezept je nach Belieben mit Senf, Meerrettich, Tomatenmark, klein gewürfeltem Gemüse, gehackten Sardellen, Kapern, eingelegtem grünen Pfeffer oder eingelegten Peperoni, Oliven.

22 „Falscher Sahnequark": Quarkspeisen, Kräuterquark oder ähnliche Zubereitungen schmecken fast wie Sahnequark, wenn Sie Magerquark mit einem Schneebesen und etwas kohlensäurehaltigem Mineralwasser aufschlagen.

23 Viele Suppen und Soßen sind fettreich. Eine Möglichkeit zur Entfettung ist es, die Soße oder Suppe abkühlen zu lassen und das fest gewordene Fett abzuheben oder herauszufischen. Heißes Fett lässt sich mit einer ungefärbten Papierserviette entfernen. Dazu ziehen Sie die Papierserviette über die heiße Suppe oder Soße.

24 Mit fluoridiertem Jodsalz mit Folsäure beugen Sie jodmangelbedingten Schilddrüsenerkrankungen und fluoridmangelbedingter Karies vor. Folsäure ist wichtig in der Schwangerschaft und hilft Arteriosklerose vorzubeugen. Salz ohne Jod, Folsäure und Fluorid ist nichts anderes als sinnloses Streusalz!

25 Füllen Sie Braten mit Gemüse. Die Gemüsefüllung sorgt für einen besseren Geschmack und es sieht einfach appetitlich aus. Außerdem reduzieren Sie den Kaloriengehalt und verbessern die Sättigung. Schneiden Sie eine Tasche in das Fleisch, und füllen Sie je nach saisonalem Angebot z. B. Brokkoli oder passiertes Gemüse hinein. Unter einen Hackfleischteig können Sie grob geraspeltes Gemüse mischen oder einen Hackbraten mit Lauchstangen anreichern. In den Hackteig können Sie auch geriebenes Gemüse geben.

26 Braten ist oft eine fettige Angelegenheit. Versuchen Sie statt Bratwurst oder Bauchfleisch einmal Fisch- oder Geflügelspieße mit reichlich Gemüse in einer beschichteten Pfanne in einem Teelöffel Rapsöl zu braten. Grillen ist eine fettsparende Zubereitungsmethode, die gleichzeitig reichlich Aromastoffe bildet.

27 Nutzen Sie den Römertopf, die Mikrowelle, den Folienschlauch, den Dünster, den Dampfdrucktopf, die Alufolie, Teflonpfanne oder den Grill zur fettarmen und aromatischen Zubereitung.

28 Als Diabetiker können Sie problemlos Backrezepte aus normalen Backbüchern umwandeln. Verwenden Sie anstatt Zucker Fruchtzucker und Süßstoff im Verhältnis 1 zu 3 (1 Teil Fruchtzucker zur Erreichung optimaler Backeigenschaften und 3 Teile Süßstoff zum Aufsüßen des Teiges). Weißes Mehl (Typ 405) lässt den Blutzuckerspiegel rasch ansteigen. Halbieren Sie die Menge an weißem Mehl und füllen Sie mit Vollkornmehl auf. Beachten Sie, dass Sie dann etwas mehr Flüssigkeit benötigen. So sparen Sie Kalorien und Kohlenhydrate, reichern das Gebäck mit

Ballaststoffen an und sorgen so für eine langsamere Blutzuckersteigerung.

29 Probieren Sie Hackbraten einmal anders. Verwenden Sie anstelle von Ei Haferflocken und trockenen Magerquark zur Bindung des Hackbratens. Mischen Sie geraspeltes Gemüse wie Karotten, Lauch, Sellerie unter den Hackfleischteig und würzen Sie mit frisch gehackten Kräutern, Senf, Meerrettich und/oder Tomatenmark.

30 Geschmacksintensive frische Kräuter, Frühlingszwiebeln, Knoblauch und passende Gewürze können das Salz im Essen weitgehend überflüssig machen. Verstärken Sie das Aroma Ihrer Speisen durch Toasten, Grillen, Anrösten, die Verwendung von frischen Produkten sowie wenig fluoridiertem Jodsalz.

Koch- und Küchentipps

Setzen Sie auf Qualität und Frische! Tipps für Ihren Weg zu einer leckeren und gesunden Küche finden Sie auf den folgenden Seiten.

1 In **antihaft-beschichteten Pfannen** lassen sich Speisen kalorienarm anbraten. Es genügen wenige Tropfen Öl, die mit einem Pinsel auf dem Boden der Pfanne verstrichen werden. Teflon verträgt allerdings keine allzu hohen Temperaturen. Wenn die Teflonpfanne zu stark erhitzt wird, kommt es zu brüchigen Stellen in der Beschichtung und diese löst sich vom Metall. Zum Wenden der Speisen sollten nur Holz- bzw. Kunststoffwender eingesetzt werden, um die Antihaftbeschichtung nicht zu beschädigen, da diese relativ kratzempfindlich ist. Daher muss auch beim Reinigen der Pfanne darauf geachtet werden, dass die Beschichtung nicht zerkratzt wird. Am besten reinigen Sie die Pfanne mit heißem Wasser und einem weichen Schwamm.

2 **Frische Kräuter** bringen ein reichhaltiges Aroma mit ins Essen. Pflanzen Sie ein kleines Beet oder einen Balkonkasten mit vielen frischen Kräutern an, oder kaufen Sie sich Ihre Lieblingskräuter im Topf im Supermarkt. Wichtig ist bei der Verarbeitung darauf zu achten, die Kräuter kurz unter kaltem fließendem Wasser zu waschen, danach trocknen Sie die Kräuter mit einem Küchenkrepp und schneiden sie mit einem scharfen Messer.

Um Kräuter einige Tage frisch zu halten, geben Sie sie in einen Plastikbeutel mit etwas Wasser und pusten den Beutel auf. So halten sich die Kräuter im Kühlschrank einige Tage „gartenfrisch". Zur Resteverwertung mischen Sie die geschnittenen Kräuter mit etwas Butter und Gewürzen und frieren Sie ein. Alternativ geben Sie die Kräuter in eine saubere Flasche und gießen ein gutes Olivenöl darüber oder binden Sie die Kräuter zu kleinen Bunden zusammen und hängen sie kopfüber an einen warmen, trockenen Ort.

3 Für die Herstellung von **Hefeteigen** dürfen Milch und Fett nur lauwarm sein, da die Hefepilze bei über 40 °C abgetötet werden: Der Teig kann dann nicht aufgehen. Hefeteig soll an einem warmen Ort gehen, am besten in der Küche, geschützt vor Zugluft. Er sollte weiterverarbeitet werden, wenn er sich verdoppelt hat. Hefeteig gelingt auch ohne Eier. Damit der Teig locker wird, geben Sie etwas mehr Flüssigkeit, Wasser, Milch, Joghurt oder Buttermilch hinzu. Bei der Verwendung von Vollkornmehl beachten Sie, dass Sie ebenfalls mehr Flüssigkeit benötigen. Statt frischer Hefe können Sie auch Trockenhefe verwenden. Ein Päckchen (7 g) entspricht der Menge eines Hefewürfels (42 g). Sie lässt sich bis zu einem Jahr verwenden und ist deshalb als Vorrat gut geeignet.

4 **Gelatine** quillt in kalter, löst sich in heißer Flüssigkeit und steift in Kälte unter Bindung von Flüssigkeit. Stellen Sie Gelatinespeisen mindestens einige Stunden vor dem Verzehr, am besten am Vortag her.

1 Blatt Gelatine entspricht 1 Teelöffel (gestrichen) gemahlener Gelatine. 0,5 Liter Flüssigkeit benötigt 4–5 Blatt Gelatine. Blattgelatine in kaltem Wasser einweichen und mindestens 10 Minuten quellen lassen. Gemahlene Gelatine mit der vorgeschriebenen, kalten Wassermenge (1 gestr. TL Gelatine = 1 EL Wasser) anrühren und mindestens 10 Minuten quellen lassen.

Gequollene Blattgelatine gut ausdrücken, in eine kleine Schüssel geben und am besten über einem kochenden Wasserbad auflösen. Gelatine darf nicht kochen. Bei

gemahlener Gelatine entfällt das Ausdrücken.

Die lauwarme Gelatinelösung mit der zu bindenden Flüssigkeit oder Masse mischen. Wichtig ist: Die Flüssigkeit bzw. Masse darf nicht eiskalt sein, damit ein gleichmäßiges Mischen und Steifen erreicht wird. Zur Sicherheit kann ein Temperaturausgleich durchgeführt werden. Hierfür eine kleine Menge der kalten Masse in die aufgelöste Gelatine rühren. Gelatine erst nach Temperaturausgleich in die komplette Masse gießen und mit einem Schneebesen gut verrühren. Die Masse in Förmchen füllen und mindestens 2 Stunden, besser über Nacht kalt stellen und steif werden lassen.

5 **Rindfleisch** muss abgehangen sein. Schlachtfrisches Rindfleisch ist zäh. Erst durch Abhängen wird es zart und reif. Am längsten abhängen müssen Stücke zum Kurzbraten wie Steaks. Fragen Sie Ihren Metzger, ob das Fleisch abgehangen ist.

6 **Schweinefleisch** sollte hingegen so frisch wie möglich zubereitet werden, am besten zwei bis drei Tage nach dem Schlachten.

7 **Geflügel** sollte immer gut gekühlt und gut durchgebraten werden. So können Sie das Risiko von Salmonellen-Infektionen vermeiden. Die Transportzeiten sollten Sie möglichst kurz halten: Frischgeflügel sofort in den Kühlschrank legen, gefrorenes Geflügel sollte während des Transportes und der Lagerung möglichst nicht antauen.

- Je langsamer das Geflügel auftaut, desto mehr bleibt von seiner Qualität erhalten. Deshalb tauen Sie das Geflügelfleisch bei Zimmertemperatur oder noch besser im Kühlschrank langsam auf. Wenn es einmal schnell gehen muss, bietet sich die Mikrowelle an. Beachten Sie beim Auftauen von Geflügel – wegen eventueller vorhandener Salmonellen – generell bitte folgende Regeln:
- Verpackung entfernen und wegwerfen.
- Geflügel in ein Gefäß – am besten mit Siebeinsatz – legen und zudecken. Zum Auftauen in den Kühlschrank stellen.
- Hände und alle Geräte, die mit dem Geflügel in Berührung gekommen sind, heiß und gründlich reinigen.
- Nach dem Auftauen das Auftauwasser wegschütten. Es darf keinesfalls mit Speisen in Berührung kommen.

8 Für frische bzw. tiefgekühlte **See-** und **Süßwasserfische** gilt die 3-S-Regel: Säubern – Säuern – Salzen. Das Fischfilet unter fließendem Wasser waschen und danach abtrocknen. Tiefgekühlte Fischfilets sollten nur angetaut werden, sodass sie sich schneiden lassen oder die Filets voneinander gelöst werden. Das Säubern entfällt. Das Fischfleisch von allen Seiten reichlich mit Zitronensaft oder Essig beträufeln. Die Säure bindet den Fischgeruch und verbessert den Geschmack. Gesäuerte Fische sollten zugedeckt 10–15 Minuten durchziehen. Fisch erst unmittelbar vor der Zubereitung salzen, weil Salz Bindegewebswasser entzieht und das Fischfleisch dadurch austrocknen würde.

Frischen Fisch erkennen sie an prall gefüllten Augen mit durchsichtiger Hornhaut und schwarz glänzenden Pupillen. Die Haut hat eine kräftige, glänzende Farbe, einen wasserklaren Schleim, die Kiemen sind leuchtend rot und ohne Schleim. Das Fleisch ist bläulich durchscheinend, fest und elastisch, der Geruch ist unauffällig (nach Seetang).

Frühstücks-leckereien

Kresse-Frischkäse-Aufstrich

vitaminreich, geht schnell

Zutaten für 2 Personen

2 geh. EL fettreduzierter Frischkäse
1 EL Milch, 1,5 % Fett
1 geh. EL Kresse
5 Cocktailtomaten
Salz
Pfeffer

Zubereitungszeit
10 Minuten

Nährwert pro Portion
96 Kilokalorien/401 Kilojoule
5 g Eiweiß
7 g Fett
2 g Kohlenhydrate
0 BE

Zubereitung

1| Den Frischkäse mit der Milch glatt rühren.
2| Die Kresse waschen. Die Tomaten waschen und in kleine Würfel schneiden und zusammen mit der Kresse unter die Frischkäsemasse ziehen.
3| Den Aufstrich mit Salz und Pfeffer würzen.

Variation

Trocken angeröstete und grob gehackte Pinienkerne eignen sich ebenfalls sehr gut zur Zubereitung des Aufstrichs. Verwenden Sie dann anstelle der frischen Tomaten besser getrocknete ohne Öl.

Lachsaufstrich

gelingt leicht

Zutaten für 2 Personen

2 Scheiben Räucherlachs
2 geh. EL fettreduzierter Frischkäse
2 EL Naturjoghurt, 1,5 % Fett
einige Zweige Dill
Pfeffer
Salz

Zubereitungszeit
10 Minuten

Nährwert pro Portion
122 Kilokalorien/510 Kilojoule
9 g Eiweiß
9 g Fett
2 g Kohlenhydrate
0 BE

Zubereitung

1| Den Lachs in schmale Streifen schneiden. Den Frischkäse und den Joghurt mit dem Schneebesen cremig rühren.

2| Den Dill waschen, Stängel entfernen und die Dillspitzen fein schneiden. Zusammen mit den Lachsstreifen und den Gewürzen unter die Frischkäsemasse rühren.

Mediterraner Aufstrich

gelingt leicht

Zutaten für 2 Personen

1 Knoblauchzehe
1 Handvoll Basilikumblätter
100 g Schafskäse,
 45 % Fett i. Tr.
1 EL Olivenöl
Pfeffer

Zubereitungszeit
10 Minuten

Nährwert pro Portion
191 Kilokalorien/798 Kilojoule
9 g Eiweiß
17 g Fett
0 g Kohlenhydrate
0 BE

Zubereitung

1| Den Knoblauch schälen und fein hacken. Die Basilikumblätter waschen, trocknen und fein schneiden.
2| Den Schafskäse in einer kleinen Schüssel mit einer Gabel zerkrümeln und mit dem Knoblauch, den Basilikumstreifen und dem Öl verrühren. Mit Pfeffer würzen.

Variation
Falls Ihnen Schafskäse zu salzig ist, verwenden Sie fettreduzierten Frischkäse. Anstelle des Knoblauchs können Sie Sonnenblumenkerne grob hacken und mit dem Frischkäse und etwas Naturjoghurt (1,5 % Fett) verrühren. Würzen Sie diese milde Variante mit Salz und Pfeffer.

Tipp
Da der Aufstrich reichlich Fett enthält, verzichten Sie besser auf das Streichfett.

Exotischer Obstsalat

gelingt leicht

Zutaten für 2 Personen

2 frische Feigen
2 getrocknete Datteln
1 Mango
2 Kiwis
Saft von zwei Orangen
2 TL Kürbiskerne
2 TL Leinsamen oder
  Plantago-ovata-
  Samenschalen

Zubereitungszeit
20 Minuten

Nährwert pro Portion
242 Kilokalorien/1011 Kilojoule
5 g Eiweiß
4 g Fett
45 Kohlenhydrate
5 BE

Zubereitung

1| Die Feigen halbieren. Jeweils eine Hälfte in dünne Scheiben schneiden, die andere Hälfte vierteln. Die Datteln in kleine Würfel schneiden, die Mango schälen und in dünne Spalten schneiden. Die Kiwis schälen und in Würfel schneiden.

2| Das Obst auf einem Teller anrichten, mit Orangensaft beträufeln. Mit Kürbiskernen und Leinsamen bestreuen.

Tipp
Diabetiker sollen regelmäßig Obst essen – am besten zweimal am Tag. Um Blutzuckerspitzen zu vermeiden, können Sie etwas Naturjoghurt in den Obstsalat mischen.

Buttermilch-Müsli mit Birne

gelingt leicht

Zutaten für 2 Personen

500 ml Buttermilch
1 TL Zimt
flüssiger Süßstoff
2 Birnen
1 EL Zitronensaft
2 geh. EL Haferflocken
2 EL Leinsamen
2 TL Sonnenblumenkerne
2 TL Rosinen

Zubereitungszeit
20 Minuten

Nährwert pro Portion
355 Kilokalorien/1665 Kilojoule
17 g Eiweiß
12 g Fett
44 g Kohlenhydrate
4 BE

Zubereitung

1| Die Buttermilch mit Zimt und flüssigem Süßstoff abschmecken.
2| Die Birnen waschen, halbieren, entkernen, die Birnenhälften in kleine Würfel schneiden und sofort mit dem Zitronensaft vermischen. Birnenstücke unter die Buttermilch rühren.
3| Die restlichen Zutaten miteinander vermischen und die Fruchtbuttermilch darübergießen.

Kochtipp
Kerne und Samen werden noch aromatischer, wenn Sie sie in einer beschichteten Pfanne ohne Fettzugabe rösten und anschließend einige Zeit abkühlen lassen.

Gourmetrührei

gelingt leicht

Zutaten für 2 Personen

4 Hühnereier
2 EL Mineralwasser
2 Scheiben Räucherlachs
Salz
Pfeffer
1 EL Rapsöl
2 Zweige Dill

Zubereitungszeit
10 Minuten

Nährwert pro Portion
284 Kilokalorien/1187 Kilojoule
19 g Eiweiß
23 g Fett
1 g Kohlenhydrate
0 BE

Zubereitung

1| Die Eier in eine kleine Schüssel aufschlagen, das Mineralwasser mit einem Schneebesen unterschlagen. Den Lachs in schmale Streifen schneiden und unter die Eimasse rühren. Eier mit Salz und Pfeffer würzen.

2| Das Öl in einer beschichteten Pfanne erhitzen und die Eiermasse hineingießen. Unter ständigem Rühren Eier stocken lassen.

3| Den Dill waschen, Stängel entfernen und die Dillspitzen fein schneiden. Den Dill über das fertige Rührei geben und sofort servieren.

Tipp
Ein Frühstück für besondere Anlässe, da es relativ viel Eiweiß und Fett enthält und recht kalorienreich ist.
Insulinpflichtige Diabetiker sollten eine kohlenhydrathaltige Beilage zum Rührei verzehren, z. B. eine Scheibe Vollkorntoast.

„Caprese am Spieß"

gelingt leicht

Zutaten für 2 Personen

12 Cocktailtomaten
125 g kleine Mozzarellakugeln
12 Basilikumblättchen
1 EL Olivenöl
1 EL Balsamicoessig
Salz
Pfeffer

Küchenutensilien
12 Holzspießchen

Zubereitungszeit
10 Minuten

Marinierzeit
30 Minuten

Nährwert pro Portion
189 Kilokalorien/792 Kilojoule
13 g Eiweiß
15 g Fett
2 g Kohlenhydrate
0 BE

Zubereitung

1| Die Cocktailtomaten waschen, putzen und trocknen. Die Mozzarellakugeln abtropfen lassen. Basilikumblätter waschen, trocknen und in feine Streifen schneiden.
2| Aus Öl, Essig, Salz und Pfeffer ein Dressing herstellen. Die Basilikumstreifen mit dem Dressing verrühren und die Mozzarellakugeln darin ca. 30 Minuten marinieren.
3| Den Mozzarella gut abtropfen lassen und auf jede Tomate jeweils eine Mozzarellakugel spießen.

Tipp
Insulinpflichtige Diabetiker sollten eine kohlenhydrathaltige Beilage zu den Tomatenspießen verzehren, z. B. ein Scheibe Vollkornbrot.

Bauernfrühstück

gelingt leicht

Zutaten für 2 Personen

400 g gekochte Kartoffeln
1 Zwiebel
2 Scheiben gekochter Schinken
2 Gewürzgurken
2 Eier
4 EL Milch, 1,5 % Fett
Salz
Pfeffer
½ Bund Schnittlauch
1 EL Rapsöl

Zubereitungszeit
15 Minuten

Garzeit
5 Minuten

Nährwert pro Portion
389 Kilokalorien/1626 Kilojoule
20 g Eiweiß
19 g Fett
32 g Kohlenhydrate
~ 3 BE

Zubereitung

1| Die gekochten Kartoffeln schälen und in Scheiben schneiden. Die Zwiebel schälen und in Würfel schneiden. Den Schinken in schmale Streifen, die Gewürzgurken in Würfel schneiden.

2| Eier und Milch mit einer Gabel verquirlen und mit Salz und Pfeffer würzen. Den Schnittlauch waschen, trocknen und in Röllchen schneiden.

3| Das Öl in einer beschichteten Pfanne erhitzen und die Kartoffeln darin knusprig anbraten. Die Zwiebelwürfel dazugeben und glasig dünsten. Schinkenstreifen und Gurkenwürfel dazugeben und die gewürzte Eiermilch darübergießen. Die Eier stocken lassen und mit Schnittlauchröllchen bestreut servieren.

Nussbrot

gut vorzubereiten

Zutaten für 10 Stücke

Teig
200 g Weizenmehl, Typ 1050
½ Pck. Trockenhefe
1 TL Zucker
250 ml lauwarme Milch, 1,5 % Fett
3 EL Rapsöl
½ TL Salz
½ TL Süßstoff

Füllung
250 ml Milch, 1,5 % Fett
2 EL Weizengrieß
125 g gem. Haselnüsse
1 Ei
1 TL Süßstoff

½ TL Rapsöl zum Fetten der Form

Zubereitungszeit
30 Minuten

Gehzeit
40 Minuten

Garzeit
45 Minuten

Nährwert pro Stück
238 Kilokalorien/995 Kilojoule
7 g Eiweiß
15 g Fett
20 g Kohlenhydrate
~ 2 BE

Zubereitung

1| Das Mehl in eine Schüssel sieben und die Hefe dazugeben. Die restlichen Zutaten dazugeben und mit den Knethaken des Handrührgerätes zu einem geschmeidigen Hefeteig verarbeiten. Den Hefeteig an einem warmen Ort zugedeckt 30 Minuten gehen lassen.

2| Für die Nussfüllung die Milch aufkochen und den Grieß darin ausquellen lassen. Die Haselnüsse unter die Masse rühren. Das Ei trennen und das Eigelb und Süßstoff ebenfalls unter die Nussmasse rühren. Das Eiklar steif schlagen und vorsichtig unter die Masse heben.

3| Den Hefeteig ausrollen (30 x 40 cm) und die Nussmischung darauf verteilen. Die Kastenform einfetten und den Backofen auf 200 °C vorheizen. Hefeteigplatte vorsichtig aufrollen und in die Kastenform geben. Rolle nochmals 10 Minuten gehen lassen und danach 40–45 Minuten backen.

Schnittlauchbrötchen

gut vorzubereiten

Zutaten für 8 Brötchen

150 g Quark, Magerstufe
4 EL Rapsöl
2 EL Milch, 1,5 % Fett
1 Ei
1,5 TL Salz
2 Bund Schnittlauch
250 g Mehl, Typ 405
½ TL Backpulver

Zubereitungszeit
30 Minuten

Ruhezeit
20 Minuten

Backzeit
25 Minuten

Nährwert pro Portion
200 Kilokalorien/836 Kilojoule
7 g Eiweiß
9 g Fett
23 g Kohlenhydrate
~ 2 BE

Zubereitung

1| Quark, Öl, Milch, Ei und Salz in einer Schüssel verrühren. Den Schnittlauch waschen, verlesen und in feine Röllchen schneiden. Die Schnittlauchröllchen mit dem Mehl und dem Backpulver zu den restlichen Zutaten geben und mit den Knethaken des Handrührgerätes zu einem glatten Teig verarbeiten.
2| Den Teig zu einer Kugel formen und in Frischhaltefolie ca. 20 Minuten im Kühlschrank ruhen lassen.
3| Den Backofen auf 200 °C vorheizen.
4| Den Teig auf einer bemehlten Arbeitsfläche ca. 50 cm lang und 15 cm breit ausrollen, von der langen Seite her aufrollen und in 8 gleich große Stücke teilen. Mit einem scharfen Messer die Brötchen mehrmals schräg einschneiden. Im Ofen in ca. 25 Minuten goldbraun backen und lauwarm servieren.

Apfelbuttermilch

geht schnell

Zutaten für 2 Personen

1 Apfel
2 TL Zitronensaft
300 ml Buttermilch
Süßstoff
1 Prise Zimt

Zubereitungszeit
10 Minuten

Nährwert pro Portion
90 Kilokalorien/376 Kilojoule
6 g Eiweiß
1 g Fett
14 g Kohlenhydrate
1 BE

Zubereitung

1| Den Apfel waschen, schälen, entkernen und klein schneiden. Die Apfelstücke mit Zitronensaft und der Hälfte der Buttermilch kräftig durchmixen. Danach die restliche Buttermilch untermixen.

2| Den Drink mit Süßstoff abschmecken, in zwei Gläser füllen und mit Zimt bestreut servieren.

Tipp
Beachten Sie die Blutzuckersteigerung, indem Sie vor und nach dem Genuss von süßen Getränken Ihren Blutzucker kontrollieren.

Apfelmüsli

gelingt leicht

Zutaten für 2 Personen

4 geh. EL Haferflocken
ca. 150 ml Apfelsaft, ohne Zuckerzusatz
2 kleine Äpfel
1 EL Zitronensaft
2 Becher Naturjoghurt, 1,5 % Fett
einige Spritzer flüssiger Süßstoff

Zubereitungszeit
15 Minuten

Quellzeit
30 Minuten

Nährwert pro Portion
314 Kilokalorien/1313 Kilojoule
11 g Eiweiß
6 g Fett
52 g Kohlenhydrate
5 BE

Zubereitung

1| Die Haferflocken mit dem Apfelsaft in eine Schüssel geben und 30 Minuten quellen lassen.
2| Die Äpfel waschen, halbieren und entkernen, die Apfelhälften mit einer Gemüseraspel fein reiben. Sofort mit Zitronensaft beträufeln und zusammen mit dem Joghurt unter die Haferflockenmasse rühren.
3| Das Apfelmüsli mit Süßstoff süßen und gleich servieren.

Frühstücksleckereien

Energiekick

gelingt leicht

Zutaten für 2 Personen

1 Banane
¼ kleine Mango
300 ml kalte Milch,
　1,5 % Fett
ca. 50 ml Orangensaft

Zubereitungszeit
10 Minuten

Nährwert pro Portion
173 Kilokalorien/723 Kilojoule
6 g Eiweiß
3 g Fett
29 g Kohlenhydrate
~ 3 BE

Zubereitung

1| Banane und Mango schälen. Die Banane zusammen mit dem Mangofruchtfleisch in einen Mixbecher geben und fein pürieren. Mit der Milch und dem Orangensaft aufgießen.
2| In zwei Gläser füllen und gleich servieren.

Tipp
Beachten Sie die Blutzuckersteigerung, indem Sie vor und nach dem Genuss von süßen Getränken Ihren Blutzucker kontrollieren.

Feine Kirschmarmelade

gelingt leicht

Zutaten für 4 Gläser

1 kg Sauerkirschen
125 g Fruchtzucker
1 Beutel Gelfix 2:1
1 TL flüssiger Süßstoff

Zubereitungszeit
20 Minuten

Garzeit
6 Minuten

Nährwert pro Portion (1 EL = 20 g)
22 Kilokalorien/92 Kilojoule
0 g Eiweiß
0 g Fett
2 g Kohlenhydrate
0 BE

Zubereitung

1| 4 Einmachgläser gründlich in heißem Wasser spülen.
2| Die Sauerkirschen waschen, entsteinen und im Mixer kurz pürieren, sodass noch ganze Fruchtstücke zu sehen sind.
3| In einem mittleren Topf Kirschen, Zucker, Gelfix und Süßstoff mischen und aufkochen lassen. Die Masse 5–6 Minuten kochen lassen und sofort in die vorbereiteten Gläser füllen und mit Twist-Off-Deckeln verschließen. Die Gläser 5 Minuten auf den Kopf stellen.

Tipp
Da Fruchtzucker den Blutzucker nur sehr gering steigert, ist bei der BE-Berechnung der Anteil der Kohlenhydrate des Fruchtzuckers vom Gesamtkohlenhydratgehalt abgezogen worden.

Leckere Erdbeermarmelade

gelingt leicht

Zutaten für 4 Gläser

1 kg Erdbeeren
3 EL Zitronensaft
125 g Fruchtzucker
1 Beutel Gelfix 2:1
1 TL flüssiger Süßstoff

Zubereitungszeit
20 Minuten

Garzeit
6 Minuten

Nährwert pro Portion (1 EL = 20 g)
17 Kilokalorien/71 Kilojoule
0 g Eiweiß
0 g Fett
1 g Kohlenhydrate
0 BE

Zubereitung

1| 4 Einmachgläser gründlich in heißem Wasser spülen.
2| Die Erdbeeren waschen, entkelchen und im Mixer fein pürieren.
3| In einem mittleren Topf Zitronensaft, Fruchtmus, Zucker, Gelfix und Süßstoff mischen und aufkochen lassen. Die Masse 5–6 Minuten kochen lassen, sofort in die vorbereiteten Gläser füllen und mit Twist-Off-Deckeln verschließen. Die Gläser 5 Minuten auf den Kopf stellen.

Tipp
Da Fruchtzucker den Blutzucker nur sehr gering steigert, ist bei der BE-Berechnung der Anteil der Kohlenhydrate des Fruchtzuckers vom Gesamtkohlenhydratgehalt abgezogen worden.

Vorspeisen

Lachscarpaccio mit „scharfem" Pesto

für Gäste

Zutaten für 2 Personen

Scharfes Pesto
1 geh. EL Pinienkerne
½ kleiner Bund Dill
1 TL Meerrettich aus dem Glas
1 EL Rapsöl
Salz
Pfeffer
1 TL Zitronensaft

Lachscarpaccio
½ Bund Rucola
100 g Räucherlachs

Zubereitungszeit
15 Minuten

Nährwert pro Portion
225 Kilokalorien/941 Kilojoule
14 g Eiweiß
18 g Fett
2 g Kohlenhydrate
0 BE

Zubereitung

1| Die Pinienkerne hacken und in einer beschichteten Pfanne ohne Fettzugabe rösten. Sobald die Kerne anfangen zu bräunen, die Pfanne zur Seite stellen und die Kerne abkühlen lassen. Den Dill waschen, trocknen und grob schneiden. Pinienkerne, Dill, Meerrettich und Öl im Mixer fein pürieren. Das Pesto mit Salz, Pfeffer und Zitronensaft würzen.

2| Den Rucola waschen, verlesen, trocknen und zusammen mit den Lachsscheiben auf zwei großen Tellern anrichten. Das Pesto darüberträufeln und sofort servieren.

Tipp
Insulinpflichtige Patienten sollten darauf achten, dass diese Vorspeise keine blutzuckerrelevanten Kohlenhydrate liefert. Daher sollte, falls das Hauptgericht noch auf sich warten lässt, eine kleine blutzuckererhöhende Beilage, z. B. eine Scheibe Vollkorntoast, dazu gegessen werden.

Spargelcarpaccio

gut vorzubereiten

Zutaten für 2 Personen

6 Stangen weißer oder grüner Spargel
½ Zitrone
1 EL Walnussöl
Salz
Pfeffer
½ kleiner Bund Schnittlauch

Zubereitungszeit
10 Minuten

Garzeit
5 Minuten

Nährwert pro Portion
87 Kilokalorien/364 Kilojoule
2 g Eiweiß
8 g Fett
2 g Kohlenhydrate
0 BE

Zubereitung

1| Den Spargel schälen und 5 Minuten blanchieren. Schräg in 2 mm dünne Scheiben schneiden.
2| Die Zitronenhälfte auspressen und mit Öl, Salz und Pfeffer zu einer Vinaigrette verrühren.
3| Den Schnittlauch waschen und in feine Röllchen schneiden. Den Spargel auf zwei Tellern anrichten und mit der Vinaigrette begießen. Schnittlauchröllchen darauf verteilen.

Tipp
Insulinpflichtige Patienten sollten darauf achten, dass diese Vorspeise keine blutzuckerrelevanten Kohlenhydrate liefert. Daher sollte, falls das Hauptgericht noch auf sich warten lässt, eine kleine blutzuckererhöhende Beilage, z. B. eine Scheibe Vollkorntoast, dazu gegessen werden.

Marinierte Zucchini

gelingt leicht

Zutaten für 2 Personen

3–4 kleine Zucchini
1 Zitrone
Salz
Pfeffer
1 EL Walnussöl
2 Zweige Petersilie

Zubereitungszeit
15 Minuten

Marinierzeit
30 Minuten

Nährwert pro Portion
97 Kilokalorien/406 Kilojoule
2 g Eiweiß
9 g Fett
3 g Kohlenhydrate
0 BE

Zubereitung

1| Die Zucchini waschen, putzen und in feine Scheiben schneiden.
2| Die Zitrone auspressen. Die Zucchinischeiben auf zwei Tellern verteilen, mit dem Zitronensaft beträufeln, salzen, pfeffern und das Öl darübergießen.
3| Die Petersilie waschen, die Blättchen von den Stängeln zupfen und fein hacken. Die feingehackte Petersilie über den Zucchinischeiben verteilen.
4| Die vorbereiteten Zucchinischeiben ca. 30 Minuten marinieren lassen.

Tipp
Insulinpflichtige Patienten sollten darauf achten, dass diese Vorspeise keine blutzuckerrelevanten Kohlenhydrate liefert. Daher sollte, falls das Hauptgericht noch auf sich warten lässt, eine kleine blutzuckererhöhende Beilage, z. B. ein halbes Vollkornbrötchen, dazu gegessen werden.

Austernpilz-Saltimbocca

etwas teurer

Zutaten für 2 Personen

4 Austernpilze
4 dünne Scheiben geräucherter Schinken
4 Salbeiblätter
1 EL Olivenöl
2 EL trockener Weißwein
Salz
Pfeffer

Küchenutensilien
4 Zahnstocher

Zubereitungszeit
10 Minuten

Garzeit
ca. 10 Minuten

Nährwert pro Portion
148 Kilokalorien/619 Kilojoule
7 g Eiweiß
11 g Fett
3 g Kohlenhydrate
0 BE

Zubereitung

1| Die Austernpilze vorsichtig von Schmutzpartikeln befreien. Jeden Pilz mit einer Scheibe Schinken und einem Salbeiblatt belegen und diese jeweils mit einem Zahnstocher feststecken.

2| Das Öl in einer beschichteten Pfanne erhitzen und die unbelegte Pilzseite einige Minuten anbraten.

3| Mit Wein ablöschen und mit Salz und Pfeffer würzen. Den Wein etwas einkochen lassen und sofort servieren.

Tipp
Insulinpflichtige Patienten sollten darauf achten, dass diese Vorspeise keine blutzuckerrelevanten Kohlenhydrate liefert. Daher sollte, falls das Hauptgericht noch auf sich warten lässt, eine kleine blutzuckererhöhende Beilage, z. B. eine kleine Scheibe Vollkornbrot, dazu gegessen werden.

Auberginenröllchen mit Frischkäse-Rucola-Füllung

gut vorzubereiten

Zutaten für 2 Personen

1 Aubergine
Salz
2 EL Olivenöl
4 EL fettreduzierter Frischkäse
1 Handvoll Rucola

Küchenutensilien
Zahnstocher oder Rouladennadeln

Zubereitungszeit
15 Minuten

Ziehzeit
ca. 20 Minuten

Garzeit
ca. 10 Minuten

Nährwert pro Portion
268 Kilokalorien/1120 Kilojoule
7 g Eiweiß
25 g Fett
5 g Kohlenhydrate
0 BE

Zubereitung

1| Die Aubergine waschen, putzen und der Länge nach in schmale Scheiben schneiden. In eine Schüssel geben und mit Salz bestreuen und ca. 20 Minuten ziehen lassen. Die ausgetretene Flüssigkeit abgießen und die Auberginenscheiben trocken tupfen.

2| Das Öl in einer beschichteten Pfanne erhitzen und die Auberginenscheiben darin knusprig anbraten. Die angebratenen Auberginenscheiben mit Küchenkrepp abtupfen.

3| Den Frischkäse glatt rühren. Den Rucola waschen, verlesen, trocknen und in schmale Stücke schneiden.

4| Die Auberginenscheiben mit Frischkäse bestreichen, Rucolastücke darauf verteilen und aufrollen. Die Auberginenröllchen mit Zahnstochern bzw. Rouladennadeln feststecken.

Tipp

Da Auberginen sehr viel Fett aufnehmen, benötigen Sie für dieses Rezept deutlich mehr Kochfett als in den anderen Rezepten. Diese Vorspeise sollte deshalb für besondere Anlässe zubereitet werden.
Insulinpflichtige Patienten sollten darauf achten, dass diese Vorspeise keine blutzuckerrelevanten Kohlenhydrate liefert. Daher sollte, falls das Hauptgericht noch auf sich warten lässt, eine kleine blutzuckererhöhende Beilage, z. B. eine Scheibe Vollkorntoast, dazu gegessen werden.

Gurkenscheiben mit Forellenmousse

gelingt leicht

Zutaten für 2 Personen

80 g geräucherte Forelle
4 EL fettreduzierter Frischkäse
1 TL Zitronensaft
evtl. Salz
Pfeffer
½ kleine Salatgurke
frischer Dill

Küchenutensilien
Spritzbeutel

Zubereitungszeit
ca. 15 Minuten

Nährwert pro Portion
170 Kilokalorien/711 Kilojoule
15 g Eiweiß
11 g Fett
3 g Kohlenhydrate
0 BE

Zubereitung

1| Die Forelle, den Frischkäse und den Zitronensaft mit einem Pürierstab zu einer homogenen Masse verarbeiten. Bei Bedarf mit etwas Salz und Pfeffer würzen.

2| Die Gurke waschen, putzen und in ca. 2 cm dicke Scheiben schneiden. Die Forellenmasse mit einem Spritzbeutel auf die Gurkenscheiben spritzen.

3| Den Dill waschen, trocknen und die Dillspitzen abzupfen. Als Garnitur auf der Forellenmousse verteilen.

Tipp

Insulinpflichtige Patienten sollten darauf achten, dass diese Vorspeise keine blutzuckersteigernden Kohlenhydrate liefert. Daher sollte, falls das Hauptgericht noch auf sich warten lässt, eine kleine blutzuckererhöhende Beilage, z. B. eine kleine Scheibe Vollkornbrot, dazu gegessen werden.

Zucchinipuffer mit geräucherter Forelle

für Gäste

Zutaten für 2 Personen

Puffer
1 kleine Zwiebel
1 Zucchini
Salz
Pfeffer
1 Hühnerei
1 geh. EL Grieß
1 EL Rapsöl

Forelle
100 g geräuchertes Forellenfilet
2 Zweige Dill

Zubereitungszeit
20 Minuten

Garzeit
ca. 10 Minuten

Nährwert pro Portion
248 Kilokalorien/1037 Kilojoule
19 g Eiweiß
14 g Fett
12 g Kohlenhydrate
~ 0,5 BE

Zubereitung

1| Die Zwiebel schälen und in feine Würfel schneiden. Die Zucchini waschen, putzen und mit der Gemüsereibe grob raffeln. Mit den Zwiebelwürfeln in eine Schüssel geben, Salz, Pfeffer, Ei und Grieß dazugeben und gut miteinander vermengen.
2| Das Öl in einer beschichteten Pfanne erhitzen und aus der Masse kleine Puffer backen.
3| Das Forellenfilet in kleine Stücke zerpflücken. Den Dill waschen, trocknen und fein hacken. Die Forellenstücke auf den Puffern verteilen und mit Dill garniert servieren.

Auberginen-Grieß-Törtchen

preiswert

Zutaten für 2 Personen

1 Zwiebel
1 Knoblauchzehe
2 TL Olivenöl
1 EL gehackte italienische Kräuter
100 ml Milch, 1,5 % Fett
100 ml Gemüsebrühe (siehe unser Rezept auf Seite 107)
2 geh. EL Weizengrieß
Salz
Pfeffer
Muskat
1 kleine Aubergine
½ Kugel Mozzarella, 45 % Fett i. Tr.
1 EL Olivenöl zum Anbraten

Zubereitungszeit
25 Minuten

Garzeit
ca. 30 Minuten

Nährwert pro Portion
343 Kilokalorien/1434 Kilojoule
14 g Eiweiß
22 g Fett
21 g Kohlenhydrate
~ 2 BE

Zubereitung

1| Die Zwiebel und die Knoblauchzehe schälen und fein hacken. 1 TL Öl erhitzen und die Zwiebel- und Knoblauchwürfel darin glasig dünsten. Kräuter, Milch und Brühe zugeben und aufkochen lassen. Den Grieß einstreuen, unter Rühren 3 Minuten kochen lassen und mit Salz, Pfeffer und Muskat würzen.
2| 2 Förmchen (ca. 400 ml Inhalt) mit 1 TL Öl einfetten.
3| Die Aubergine waschen, putzen und in dünne Scheiben schneiden. Die Scheiben mit Salz bestreuen und ca. 10 Minuten stehen lassen. Die Flüssigkeit abgießen und die Auberginenscheiben kurz unter fließendem Wasser abspülen und trocknen. Den Mozzarella in schmale Scheiben schneiden.
4| Das Öl erhitzen und die Auberginenscheiben darin kurz andünsten.
5| Den Backofen auf 200 °C vorheizen.
6| Die Auberginenscheiben und die Grießmasse abwechselnd in die vorbereiteten Förmchen einschichten und mit Mozzarellascheiben abschließen. Im Ofen circa 20 Minuten backen.

Tipp
Servieren Sie die Törtchen mit unserer Käsesauce von Seite 124.

Datteln im Speckmantel

geht schnell

Zutaten für 2 Personen

4 dünne Scheiben geräucherter Schinken
10 getrocknete Datteln
2 TL Rapsöl

Küchenutensilien
Zahnstocher

Zubereitungszeit
5 Minuten

Garzeit
ca. 5 Minuten

Nährwert pro Portion
201 Kilokalorien/840 Kilojoule
8 g Eiweiß
4 g Fett
33 g Kohlenhydrate
~ 3 BE

Zubereitung

1| Den Schinken in ca. 1,5 cm schmale Streifen schneiden. Die Datteln mit den Schinkenstreifen umwickeln, evtl. mit Zahnstochern feststecken.

2| Das Öl in einer beschichteten Pfanne erhitzen und die vorbereiteten Datteln bei hoher Hitze rundum knusprig anbraten.

Variation

Probieren Sie auch einmal andere Obstsorten, z. B. ungezuckerte Ananas aus der Dose mit Schinken. Es eignen sich auch andere getrocknete Früchte zum Umwickeln mit geräuchertem Schinken und scharfen Anbraten in der Pfanne, z. B. Pflaumen, Feigen oder Aprikosen. Probieren Sie verschiedene Sorten aus und entdecken Sie Ihre persönliche Lieblingsvariante.

Sommerliche Spieße

für Gäste

Zutaten für 2 Personen

100 g Hähnchenbrustfilet
1 Knoblauchzehe
2 Zwiebeln
1 EL Olivenöl
½ TL Kräuter der Provence
Salz
Pfeffer
250 g Cocktailtomaten
1 TL Olivenöl zum Anbraten
150 g entsteinte Kirschen
3 EL Balsamicoessig
3 EL brauner Zucker

Küchenutensilien
Schaschlikspieße

Zubereitungszeit
20 Minuten

Garzeit
ca. 15 Minuten

Marinierzeit
30 Minuten

Nährwert pro Portion
304 Kilokalorien/1271 Kilojoule
15 g Eiweiß
9 g Fett
39 g Kohlenhydrate
~ 3 BE

Zubereitung

1| Die Hähnchenbrust in ca. 2 x 2 cm große Würfel schneiden. Den Knoblauch schälen und fein hacken. Die Zwiebeln schälen und in Würfel schneiden. Die Hähnchenwürfel mit Knoblauch, 1 EL Öl, Kräutern der Provence, Salz und Pfeffer in einen Frischhaltebeutel geben und ca. 30 Minuten kalt stellen.

2| Die Tomaten waschen, 100 g der Tomaten vierteln und mit den Zwiebeln im Öl anbraten. Die Kirschen, den Essig und den Zucker zufügen. Relish bei milder Hitze eindicken lassen, mit Salz und Pfeffer würzen und kalt stellen.

3| Die Hähnchenwürfel in einer beschichteten Pfanne ohne weitere Fettzugabe knusprig anbraten. Die kross gebratenen Hähnchenwürfel mit den restlichen Tomaten auf Spieße stecken und mit dem Relish servieren.

Tipp
Wer Kohlenhydrate sparen möchte, kann anstelle des Zuckers einen halben Teelöffel flüssigen Süßstoff verwenden. Hierdurch reduziert sich der Kohlenhydratgehalt auf 17 g, die Energie auf 213 Kilokalorien/ 890 Kilojoule und die BE-Menge auf 1 BE.

Gratinierter grüner Spargel

gelingt leicht

Zutaten für 2 Personen

½ kg grüner Spargel
Salz
Pfeffer
2 EL geriebener Parmesan
1 TL Rapsöl

Küchenutensilien
Backpapier
Küchengarn

Zubereitungszeit
15 Minuten

Garzeit
ca. 13 Minuten

Nährwert pro Portion
85 Kilokalorien/355 Kilojoule
6 g Eiweiß
5 g Fett
4 g Kohlenhydrate
0 BE

Zubereitung

1| Den Spargel waschen, holzige Enden abschneiden. Reichlich Salzwasser zum Kochen bringen und den Spargel in ca. 8 Minuten bissfest garen.
2| Den Spargel abschrecken und mit Küchengarn zu 2 Bündeln zusammenbinden. Ein Backblech mit Backpapier auslegen und die Spargelbündel darauflegen. Mit Pfeffer würzen, mit Parmesan bestreuen und mit Öl beträufeln.
3| Den Backofen auf Grillfunktion stellen und den Spargel ca. 5 Minuten goldbraun überbacken.

Tipp
Insulinpflichtige Patienten sollten darauf achten, dass diese Vorspeise keine blutzuckersteigernden Kohlenhydrate liefert. Daher sollte, falls das Hauptgericht noch auf sich warten lässt, eine kleine blutzuckererhöhende Beilage, z. B. eine Scheibe Vollkorntoast, dazu gegessen werden.

Caprese aus dem Ofen

gelingt leicht

Zutaten für 2 Personen

125 g Mozzarella, 45 % Fett
4 mittlere Tomaten
1 Zwiebel
1 Knoblauchzehe
1 EL Olivenöl
Salz
Pfeffer
2 Zweige Thymian

Zubereitungszeit
10 Minuten

Garzeit
ca. 30 Minuten

Nährwert pro Portion
262 Kilokalorien/1095 Kilojoule
14 g Eiweiß
21 g Fett
5 g Kohlenhydrate
0 BE

Zubereitung

1| Den Mozzarella in schmale Scheiben schneiden. Die Tomaten waschen, halbieren und den Strunk entfernen. Die Tomatenhälften in schmale Scheiben schneiden.
2| Den Backofen auf 200 °C vorheizen.
3| Die Zwiebel und den Knoblauch schälen und in feine Würfel schneiden. Mit Öl, Salz und Pfeffer vermischen. Den Thymian waschen, trocknen und die Blättchen zum Öl geben.
4| Die Käse- und die Tomatenscheiben in eine kleine Auflaufform dachziegelartig einschichten und mit dem Gewürz-Öl übergießen. Im Ofen ca. 20–30 Minuten überbacken.

Tipp
Insulinpflichtige Patienten sollten darauf achten, dass diese Vorspeise keine blutzuckersteigernden Kohlenhydrate liefert. Daher sollte, falls das Hauptgericht noch auf sich warten lässt, eine kleine blutzuckererhöhende Beilage, z. B. eine Scheibe Vollkorntoast, dazu gegessen werden.

Feldsalat mit Erdbeeren

gelingt leicht

Zutaten für 2 Personen

60 g Feldsalat
150 g Erdbeeren
1 Grapefruit
1 EL weißer Balsamicoessig
1 EL Rapsöl
Salz
Pfeffer
1 Prise Zucker

Zubereitungszeit
15 Minuten

Nährwert pro Portion
167 Kilokalorien/698 Kilojoule
2 g Eiweiß
9 g Fett
17 g Kohlenhydrate
~ 2 BE

Zubereitung

1| Den Feldsalat waschen, putzen und auf zwei Tellern verteilen.
2| Die Erdbeeren vorsichtig waschen, entkelchen und vierteln. Die Grapefruit schälen und filetieren, den Saft dabei auffangen. Die Früchte vorsichtig vermengen und auf dem vorbereiteten Feldsalat verteilen.
3| Aus Essig, Öl, Grapefruitsaft und Gewürzen ein Dressing herstellen und über den Salat verteilen.

Tipp
Feldsalat liefert reichlich Folsäure. 100 g liefern beritis ca. 50 Prozent (ca. 145 µg) der täglich empfohlenen Menge. Folsäuremangel begünstigt Blutarmut, Schleimhautveränderungen im Mund sowie Störungen im Magen-Darm-Bereich. Besonders in der Schwangerschaft kommt es oft zu Folsäuremangel. Folsäure spielt eine wichtige Rolle in der Zellteilung des Fötus.

Rucolasalat mit gebratenem Ziegenkäse

gelingt leicht

Zutaten für 2 Personen

100 g Rucola
1 kleine blaue Zwiebel
1 Knoblauchzehe
60 g Ziegenkäse in Rollenform
2 EL Paniermehl
2 EL Olivenöl
1 EL Balsamicoessig
Salz
Pfeffer

Zubereitungszeit
15 Minuten

Garzeit
ca. 5 Minuten

Nährwert pro Portion
298 Kilokalorien/2146 Kilojoule
9 g Eiweiß
21 g Fett
18 g Kohlenhydrate
~ 2 BE

Zubereitung

1| Den Rucola verlesen, waschen und in mundgerechte Stücke schneiden. Die Zwiebel und den Knoblauch schälen und in feine Würfel schneiden.
2| Den Käse in dünne Scheiben schneiden und im Paniermehl wenden.
3| Die Hälfte des Öls in einer beschichteten Pfanne erhitzen und die Käsescheiben darin knusprig anbraten. Auf Küchenpapier abtropfen lassen.
4| Aus dem restlichen Öl, Essig, Salz und Pfeffer ein Dressing herstellen. Die Zwiebel- und die Knoblauchwürfel darunterrühren und über den Rucolasalat gießen.
5| Die Käsescheiben auf dem Salat verteilen und sofort servieren.

Spargelsalat mit Senf-Honig-Dressing

gelingt leicht

Zutaten für 2 Personen

½ kg grüner Spargel
Salz
1 kleine rote Zwiebel
1 EL Balsamicoessig
1 EL Rapsöl
1 EL Orangensaft
½ EL Schlagsahne
1 TL Senf
1 TL Honig
Pfeffer

Zubereitungszeit
15 Minuten

Garzeit
6 Minuten

Marinierzeit
30 Minuten

Nährwert pro Portion
144 Kilokalorien/602 Kilojoule
5 g Eiweiß
10 g Fett
8 g Kohlenhydrate
0 BE

Zubereitung

1| Den Spargel waschen, das untere Drittel schälen und die holzigen Enden abschneiden. Den Spargel in mundgerechte Stücke schneiden und in kochendem Salzwasser 5–6 Minuten kochen. Gut abtropfen lassen.

2| Die Zwiebel schälen und in feine Würfel schneiden. Aus Essig, Öl, Saft, Sahne, Senf und Honig ein Dressing herstellen. Mit Salz und Pfeffer würzen und über den Spargel gießen. Vorsichtig vermischen und 30 Minuten ziehen lassen.

Tipp
Der Anteil der BE-pflichtigen Zutaten (Saft und Honig) ist gering und das Öl und die Sahne verzögern den Blutzuckeranstieg. Insulinpflichtige Patienten sollten darauf achten, dass diese Vorspeise keine blutzuckerrelevanten Kohlenhydrate liefert. Daher sollte, falls das Hauptgericht noch auf sich warten lässt, eine kleine blutzuckererhöhende Beilage, z. B. eine Scheibe Vollkorntoast, dazu gegessen werden.

Karottenrohkost mit Avocadodressing

geht schnell

Zutaten für 2 Personen

2 Karotten
1 kleine, reife Avocado
2 TL Zitronensaft
Salz
Pfeffer
2 EL Sprossen, z. B. Radieschensprossen

Zubereitungszeit
15 Minuten

Nährwert pro Portion
157 Kilokalorien/656 Kilojoule
3 g Eiweiß
12 g Fett
9 g Kohlenhydrate
0 BE

Zubereitung

1| Die Karotten waschen, schälen und auf der Gemüsereibe grob raffeln. Die Avocado halbieren, den Kern herauslösen und das Fruchtfleisch mit einem Löffel herausschaben. Sofort mit dem Zitronensaft beträufeln und grob zerkleinern.
2| Die Avocadostücke in eine Schüssel geben und mit den Karottenraspeln gut vermengen. Die Rohkost mit Salz und Pfeffer würzen.
3| Die Sprossen waschen, gut abtropfen lassen und Rohkost damit garnieren.

Tipp
Insulinpflichtige Patienten sollten darauf achten, dass diese Vorspeise keine blutzuckerrelevanten Kohlenhydrate liefert. Daher sollte, falls das Hauptgericht noch auf sich warten lässt, eine kleine blutzuckererhöhende Beilage, z. B. ein halbes Vollkornbrötchen, dazu gegessen werden.

Salate und Snacks

Fruchtiger Radicchiosalat

vitaminreich, geht schnell

Zutaten für 2 Personen

1 kleiner Kopf Radicchio
½ kleiner Eisbergsalat
1 Orange
1 TL Öl, z. B. Walnussöl
1 TL Essig
Salz
Pfeffer
1 Apfel
1 geh. EL Ziegenfrischkäse, 60 % Fett i. Tr.

Zubereitungszeit
15 Minuten

Nährwert pro Portion
228 Kilokalorien/953 Kilojoule
5 g Eiweiß
15 g Fett
18 g Kohlenhydrate
~ 2 BE

Zubereitung

1| Beide Salatsorten waschen, putzen und in mundgerechte Stücke zerkleinern.
2| Die Orange schälen und filetieren. Die Orangenfilets und den ausgetretenen Saft in einer Schüssel zusammen mit Öl, Essig und den Gewürzen zu einem Dressing verrühren. Den Apfel waschen, entkernen, in schmale Spalten schneiden und sofort mit dem Dressing vermischen.
3| Den Frischkäse grob zerkleinern, zusammen mit den Salaten vorsichtig mit dem Dressing vermischen und sofort servieren.

Variation
Es eignen sich auch alle anderen Blattsalatsorten zur Zubereitung dieses Salates. Falls Sie keinen Ziegenfrischkäse mögen, verwenden Sie einfach einen normalen Frischkäse.

Avocadosalat Birgit

gut vorzubereiten

Zutaten für 2 Personen

1 Zitrone
1 Avocado
100 g grüne Weintrauben
1 mittlerer grüner Apfel,
 z. B. Granny Smith
4 Lauchzwiebeln
1 Kugel Mozzarella,
 45 % Fett i. Tr.
1 EL Olivenöl
1 EL weißer Balsamicoessig
Salz
Pfeffer

Zubereitungszeit
20 Minuten

Nährwert pro Portion
580 Kilokalorien/2424 Kilojoule
18 g Eiweiß
50 g Fett
15 g Kohlenhydrate
~ 1 BE

Zubereitung

1| Die Zitrone auspressen, die Avocado schälen, den Kern entfernen und das Fruchtfleisch sofort mit 1 EL Zitronensaft beträufeln. Das Fruchtfleisch in Würfel schneiden und in eine Schüssel geben.
2| Die Trauben waschen und halbieren. Den Apfel waschen, halbieren, entkernen und in Würfel schneiden. Das Obst zu den Avocadowürfeln geben.
3| Die Lauchzwiebeln waschen, putzen und in schmale Scheiben schneiden. Den Mozzarella abtropfen lassen und in Würfel schneiden, zusammen mit den Lauchzwiebeln zum Salat geben.
4| Aus Öl, Essig, dem restlichen Zitronensaft und den Gewürzen ein Dressing herstellen und über den Salat gießen.

Tipp
Ein Salat für besondere Anlässe, da er relativ kalorienreich ist. Allerdings liefert die Avocado, trotz des hohen Fettgehaltes, reichlich gesunde Fette, die vor Gefäßverkalkung schützen können.

Rucola-Fenchel-Salat mit Birnen

geht schnell

Zutaten für 2 Personen

80 g Rucola
1 Fenchelknolle
1 Birne
einige Spritzer Zitronensaft
60 g Blauschimmelkäse,
   50 % Fett i. Tr.
1 EL Olivenöl
1 EL Balsamicoessig
Salz
Pfeffer

Zubereitungszeit
15 Minuten

Nährwert pro Portion
243 Kilokalorien/1016 Kilojoule
10 g Eiweiß
18 g Fett
12 g Kohlenhydrate
~ 1 BE

Zubereitung

1| Den Rucola verlesen, waschen, trocknen und in mundgerechte Stücke schneiden. Den Fenchel waschen, putzen, halbieren, den Strunk herausschneiden und die Fenchelhälften in dünne Scheiben schneiden. Die Birne waschen, halbieren, entkernen und ebenfalls in dünne Scheiben schneiden. Die Birnenscheiben sofort mit Zitronensaft beträufeln.

2| Den Käse mit einer Gabel zerdrücken und mit Öl und Essig vermischen. Das Dressing mit Salz und Pfeffer würzen.

3| Die Salatzutaten auf einem großen Teller anrichten und mit dem Dressing beträufeln.

Variation
Wer den Geschmack von Blauschimmelkäse nicht mag, verwendet zur Verfeinerung des Dressings einfach normalen Frischkäse.

Kochtipp
Falls das Dressing zu fest ist, geben Sie noch etwas Wasser oder Fruchtsaft hinzu.

Pikanter Rohkostteller

gut vorzubereiten

Zutaten für 2 Personen

1 Bund Radieschen
200 g Kohlrabi
1 mittelgroße Zwiebel
1 Eisberg-, Endivien- oder Kopfsalat
1 Bund Schnittlauch
150 g Joghurt, 1,5 % Fett
1 EL Pflanzenöl
1 TL mittelscharfer Senf
Zitronensaft
Pfeffer
Salz
Süßstoff nach Belieben

Zubereitungszeit
25 Minuten

Nährwert pro Portion
64 Kilokalorien/267 Kilojoule
4 g Eiweiß
3 g Fett
4 g Kohlenhydrate
0 BE

Zubereitung

1| Die Radieschen waschen und in dünne Scheiben schneiden. Den Kohlrabi schälen, in feine Stifte schneiden. Die Zwiebel schälen und würfeln, den Salat waschen, abtropfen lassen, in grobe Stücke zerpflücken. Die Salatblätter auf einer Platte anrichten. Darauf die Radieschenscheiben, die Kohlrabistückchen und die Zwiebelwürfel geben.

2| Den Schnittlauch in Röllchen schneiden. Den Joghurt mit Öl, Senf und Schnittlauch glatt rühren und mit Zitronensaft, Pfeffer, wenig Salz und etwas Süßstoff abschmecken. Die Soße über die Salate geben.

Tipp
Essen Sie vor dem Mittagessen und dem Abendessen einen Salat oder rohes Gemüse, um die Sättigung zu fördern und die Blutzuckersteigerung durch die Mahlzeit zu verlangsamen.

Endiviensalat mit Senfdressing

geht schnell

Zutaten für 2 Personen

½ kleiner Endiviensalat
2 Tomaten
40 g Schafskäse,
   45 % Fett i. Tr.
1 EL Weißweinessig
1 EL Olivenöl
1 TL Honig
1 TL körniger Senf
Salz
Pfeffer
½ Beet Kresse

Zubereitungszeit
15 Minuten

Nährwert pro Portion
148 Kilokalorien/619 Kilojoule
5 g Eiweiß
12 g Fett
4 g Kohlenhydrate
0 BE

Zubereitung

1| Den Endiviensalat gründlich waschen und die Blätter in mundgerechte Stücke zerteilen. Die Tomaten waschen, halbieren, den Strunk entfernen und in Würfel schneiden. Den Schafskäse würfeln.
2| Aus Essig, Öl, Honig und Senf ein Dressing herstellen, mit Salz und Pfeffer würzen. Die Kresse waschen und zum Dressing geben.
3| Die Salatblätter, die Tomaten- und Käsewürfel auf zwei Tellern anrichten und das Dressing darüberträufeln.

Tipp
Da der Salat kaum Kohlenhydrate liefert, sollten insulinpflichtige Diabetiker eine kohlenhydrathaltige Beilage, z. B. eine Scheibe Vollkornbrot, dazu essen.

Salate und Snacks

Tomaten-Kresse-Salat

geht schnell

Zutaten für 2 Personen

4 mittlere Tomaten
1 kleine blaue Zwiebel
1 EL Rapsöl
1 EL Weißweinessig
Salz
Pfeffer
1 TL Senf
1 Kästchen Kresse

Zubereitungszeit
15 Minuten

Nährwert pro Portion
106 Kilokalorien/443 Kilojoule
2 g Eiweiß
8 g Fett
5 g Kohlenhydrate
0 BE

Zubereitung

1| Die Tomaten waschen, halbieren und den Strunk entfernen. Die Tomatenhälften in schmale Scheiben schneiden. Die Zwiebel schälen und in feine Würfel schneiden.
2| Aus Öl, Essig, Salz, Pfeffer und Senf ein Dressing herstellen.
3| Die Kresse waschen, trocknen und auf einem großen Teller kranzartig anrichten. Die Tomatenscheiben auf dem Teller verteilen und das Dressing darübergießen.

Tipp
Da der Salat kaum blutzuckerrelevante Kohlenhydrate liefert, sollten insulinpflichtige Diabetiker eine kohlenhydrathaltige Beilage, z. B. eine Scheibe Vollkorntoast, dazu essen.

Kräutersalat

raffiniert

Zutaten für 2 Personen

80 g gemischter Blattsalat, z. B. Rucola, Lollo rosso und Kopfsalat
1 TL Dijon-Senf
1 EL Weißweinessig
1 EL Olivenöl
Salz
Pfeffer
2 kleine Ziegenfrischkäse-Taler (à 45 g)
oder 4 Scheiben Ziegenkäse von der Rolle
je 1 Zweig frischer Thymian und Lavendel
1 TL brauner Zucker

Küchenutensilien
Backpapier

Zubereitungszeit
ca. 20 Minuten

Garzeit
ca. 3 Minuten

Nährwert pro Portion
195 Kilokalorien/815 Kilojoule
9 g Eiweiß
17 g Fett
3 g Kohlenhydrate
0 BE

Zubereitung

1| Die Salatblätter verlesen, waschen und gut abtropfen lassen.
2| Senf, Essig und Öl zu einem Dressing verrühren. 1 EL Wasser unterrühren, mit Salz und Pfeffer abschmecken.
3| Den Grill vorheizen. Die Ziegenkäse-Taler nebeneinander in eine Auflaufform (mit Backpapier ausgelegt) setzen.
4| Die Kräuter waschen, trocken tupfen und die Blättchen abzupfen. Den Käse mit Zucker und Kräutern bestreuen.
5| Unter dem vorgeheizten Grill 2–3 Minuten überbacken. Salat und Dressing mischen und zusammen mit dem überbackenen Käse anrichten.

Tipp
Da der Salat kaum blutzuckerrelevante Kohlenhydrate liefert, sollten insulinpflichtige Diabetiker eine kohlenhydrathaltige Beilage, z. B. ein Vollkornbrötchen, dazu essen.

Kochtipp
Der Käse zerläuft sehr schnell. Zum Überbacken geben Sie den Käse am besten auf Apfel- oder Baguettescheiben, dann lässt er sich leichter aus der Form heben.

Türkischer Linsensalat

braucht etwas mehr Zeit

Zutaten für 2 Personen

125 g getrocknete Linsen
375 ml Gemüsebrühe (siehe unser Rezept auf Seite 107)
1 rote Paprikaschote
1 große Tomate
1 Zwiebel
60 g Schafskäse, 45 % Fett i. Tr.
½ Bund Basilikum
1 EL Zitronensaft
1 EL Olivenöl
Salz
Pfeffer

Zubereitungszeit
20 Minuten

Garzeit
ca. 45 Minuten

Marinierzeit
30 Minuten

Einweichzeit
12 Stunden

Nährwert pro Portion
253 Kilokalorien/1058 Kilojoule
13 g Eiweiß
15 g Fett
16 g Kohlenhydrate
0 BE

Zubereitung

1| Die Linsen über Nacht in reichlich Wasser einweichen. Am nächsten Tag abgießen und abtropfen lassen. Die Gemüsebrühe zum Kochen bringen und die Linsen darin ca. 45 Minuten bissfest garen.
2| Die Paprika und die Tomate waschen, halbieren, die Paprika entkernen und die Tomate vom Strunk befreien. Beide Gemüsesorten in kleine Würfel schneiden. Die Zwiebel schälen und ebenfalls in kleine Würfel schneiden. Den Schafskäse grob würfeln.
3| Das Basilikum waschen, trocknen und in feine Streifen schneiden.
4| Aus Zitronensaft, Öl, Salz, Pfeffer und Basilikumstreifen ein Dressing herstellen und über die restlichen Salatzutaten gießen. Gut vermischen und vor dem Verzehr 30 Minuten durchziehen lassen.

Tipp
Dieser Salat ist trotz Hülsenfrüchte nicht BE-pflichtig: Hülsenfrüchte steigern aufgrund ihres hohen Ballaststoffgehaltes den Blutzucker nur sehr langsam. Sie sind daher in normalen Verzehrportionen anrechnungsfrei.

Spaghettisalat

gelingt leicht

Zutaten für 2 Personen

100 g Hartweizenspaghetti
50 g Gouda
1 Scheibe gekochten Schinken
2 Tomaten
1 Schalotte
½ Bund Schnittlauch
2 Knoblauchzehen
1 EL Olivenöl
1 EL Weißweinessig
Salz
Pfeffer

Zubereitungszeit
15 Minuten

Garzeit
ca. 10 Minuten

Nährwert pro Portion
393 Kilokalorien/1643 Kilojoule
18 g Eiweiß
18 g Fett
39 g Kohlenhydrate
~ 4 BE

Zubereitung

1| Spaghetti in reichlich Salzwasser nach Packungsanleitung *al dente* garen.
2| Den Käse und den Schinken in kleine Würfel schneiden. Die Tomaten waschen, halbieren und den Strunk entfernen. Die Tomatenhälften in Würfel schneiden. Die Schalotte schälen und ebenfalls in kleine Würfel schneiden. Den Schnittlauch waschen, trocknen und in feine Röllchen schneiden.
3| Die Spaghetti abgießen – vom Nudelwasser 1–2 EL auffangen – und abtropfen lassen.
4| Die Knoblauchzehen schälen und in feine Würfel schneiden. Aus Nudelwasser, Öl, Essig, Salz und Pfeffer ein Dressing herstellen. Die Knoblauchwürfel dazugeben und mit den restlichen Salatzutaten vermischen.

Salate und Snacks

Frühlings-Canapés

gelingt leicht

Zutaten für 2 Personen

3 Scheiben Vollkorntoastbrot
60 g Greyerzer
½ Bund Radieschen
1 geh. EL Kresse

Küchenutensilien
Holzspieße

Zubereitungszeit
15 Minuten

Nährwert pro Portion
238 Kilokalorien/995 Kilojoule
12 g Eiweiß
11 g Fett
21 g Kohlenhydrate
~ 2 BE

Zubereitung

1| Das Vollkornbrot toasten. Die Toastscheiben und den Käse in kleine Quadrate von etwa 4 x 4 cm schneiden.
2| Die Radieschen waschen und die Hälfte in feine Scheiben schneiden. Die Kresse waschen und trocknen.
3| Auf Holzspieße immer abwechselnd Toast, Käse und eine Radieschenscheibe spießen. Zwischen die Lagen etwas Kresse einarbeiten. Als Abschluss auf die Spitze ein Radieschen und etwas Kresse setzen.

Spinattoast

gelingt leicht

Zutaten für 2 Personen

300 g tiefgekühlter Blattspinat
1 kleine Zwiebel
1 Knoblauchzehe
2 TL Olivenöl
Salz
Pfeffer
4 Scheiben Vollkorntoast
60 g Ziegenkäserolle, 45 % Fett i. Tr.
1 TL flüssiger Honig

Küchenutensilien
Backpapier

Zubereitungszeit
20 Minuten

Garzeit
ca. 10 Minuten

Nährwert pro Portion
319 Kilokalorien/1333 Kilojoule
15 g Eiweiß
14 g Fett
32 g Kohlenhydrate
3 BE

Zubereitung

1| Den Spinat antauen lassen. Die Zwiebel und den Knoblauch schälen und fein hacken. Das Öl erhitzen, die Zwiebel und den Knoblauch goldgelb andünsten. Den angetauten Spinat zugeben und so lange mitdünsten, bis er aufgetaut ist. Die Spinatmasse in einem Sieb abtropfen lassen, etwas ausdrücken und mit Salz und Pfeffer würzen.
2| Die Toastscheiben goldgelb toasten. Den Backofen auf 250 °C vorheizen.
3| Ein Backblech mit Backpapier belegen, die Toastscheiben auf das Blech legen und die Spinatmasse darauf verteilen. Den Käse in Scheiben schneiden und die Toasts damit belegen. Die Spinatoasts ca. 3–5 Minuten überbacken, herausnehmen und mit Honig beträufelt servieren.

Variation
Wem der Geschmack des Ziegenkäses zu intensiv ist, verwendet einfach ein Stück Camembert.

Tipp
Wer BE-pflichtige Kohlenhydrate einsparen möchte, lässt den Honig einfach weg.

Thunfisch-Sandwich „Vitale"

gelingt leicht

Zutaten für 2 Personen

4 Scheiben Vollkorntoastbrot
4 Blätter Eisbergsalat
1 Dose Thunfisch naturell
1 kleine Zwiebel
½ rote Paprikaschote
4 TL Joghurt, 1,5 % Fett
4 TL saure Sahne, 10 % Fett
2 TL Senf
fluoridiertes Jodsalz
Pfeffer
Paprika, edelsüß
2 Zweige Petersilie

Zubereitungszeit
20 Minuten

Nährwert pro Portion
371 Kilokalorien / 1551 Kilojoule
27 g Eiweiß
19 g Fett
24 g Kohlenhydrate
~ 2 BE

Zubereitung

1| Die Vollkorntoastscheiben im Toaster toasten. Den Eisbergsalat waschen, putzen, trocken tupfen und auf zwei Toastscheiben verteilen.

2| Den Thunfisch in mundgerechte Stücke teilen, die Zwiebel schälen und in dünne Scheiben schneiden. Die Paprikaschote waschen, putzen und in feine Streifen schneiden.

3| Den Joghurt mit der sauren Sahne und dem Senf vermischen und mit den Gewürzen kräftig abschmecken. Die Soße mit dem Fisch und dem Gemüse vermischen und auf den Salatblättern verteilen.

4| Die Petersilie waschen, trocknen, fein hacken und auf die belegten Toastscheiben streuen. Die beiden anderen Toastscheiben auflegen.

Variation

Probieren Sie anstelle des Thunfischs einen selbstgemachten Heringsbelag. 3 Heringsfilets, 1 kleine Zwiebel, 1 mittlerer Apfel, 1 TL Zitronensaft. Schneiden Sie den Hering in kleine Würfel. Schneiden und würfeln Sie die Zwiebel. Putzen und würfeln Sie den Apfel und beträufeln Sie die Würfel mit Zitronensaft. Stellen Sie ein Dressing her aus 1 EL Naturjoghurt, 1 EL saurer Sahne und würzen Sie mit Salz und Pfeffer. Vermischen Sie das Dressing mit den restlichen Zutaten.

Zucchinibrot

preisgünstig

Zutaten für 2 Personen

1 Zucchini
1 Zwiebel
1 Knoblauchzehe
1 EL Olivenöl
Salz
Pfeffer
2 Scheiben Dinkelvollkornbrot
½ Kugel Mozzarella, 45 % Fett i. Tr.

Zubereitungszeit
20 Minuten

Garzeit
ca. 15 Minuten

Nährwert pro Portion
323 Kilokalorien/1350 Kilojoule
14 g Eiweiß
17 g Fett
27 g Kohlenhydrate
~ 2 BE

Zubereitung

1| Die Zucchini waschen, putzen und grob raspeln. Die Zwiebel und die Knoblauchzehe schälen und in feine Würfel schneiden.
2| Den Backofen auf 180 °C vorheizen.
3| Das Öl in einer beschichteten Pfanne erhitzen, die Zwiebel- und die Knoblauchwürfel darin glasig dünsten. Die Zucchiniraspeln dazugeben und kurz mitdünsten und mit Salz und Pfeffer würzen.
4| Die Brotscheiben kurz toasten und die Zucchinimasse (ohne Flüssigkeit) auf den Brotscheiben verteilen. Den Mozzarella in Scheiben schneiden und auf den Broten verteilen.
5| Im Backofen ca. 10 Minuten überbacken, bis der Käse geschmolzen ist.

Reisplätzchen

gelingt leicht

Zutaten für 2 Personen

75 g Vollkornreis
Salz
1 Karotte
1 Zucchini
½ Bund Schnittlauch
1 Ei
½ EL Stärke
Pfeffer
1 EL Rapsöl

Zubereitungszeit
30 Minuten

Garzeit
ca. 50 Minuten

Nährwert pro Portion
314 Kilokalorien/1313 Kilojoule
9 g Eiweiß
13 g Fett
40 g Kohlenhydrate
3 BE

Zubereitung

1| Den Reis in reichlich Salzwasser nach Packungsanweisung gar kochen, abgießen und abkühlen lassen.
2| Die Karotte und die Zucchini waschen, putzen, die Karotte schälen und beide Gemüse in kleine Würfel schneiden. Den Schnittlauch waschen und in feine Röllchen schneiden.
3| Den Reis mit Gemüsewürfel und Schnittlauchröllchen vermengen. Das Ei mit der Stärke verquirlen und mit Salz und Pfeffer würzen. Den Gemüsereis mit Eimasse gut vermengen.
4| Das Öl in einer beschichteten Pfanne erhitzen und aus der Masse portionsweise kleine Plätzchen backen.

Tipp
Reichen Sie zu den Reisplätzchen unseren Avocado-Dip von Seite 130.

88 Salate und Snacks

Karottenpfannkuchen mit Haselnüssen

preiswert

Zutaten für 2 Personen

2 Karotten
2 EL Weizenvollkornmehl
1 EL Magerquark
1 Prise Gemüsebrühe
1 EL Leinsamen
1 EL Sesam
1 Ei
Salz
¼ TL Backpulver
weißer Pfeffer
1 TL gehackte Petersilie
1 EL gehackte Haselnüsse
1 EL Sonnenblumenöl zum Braten

Zubereitungszeit
15 Minuten

Garzeit
ca. 10 Minuten

Nährwert pro Portion
234 kcal/978 Kilojoule
11 g Eiweiß
15 g Fett
13 g Kohlenhydrate
~ 0,5 BE

Zubereitung

1| Die Karotten waschen, schälen und auf dem Gemüsehobel fein raffeln.
Mit Mehl, Quark, 2 EL Wasser, Gemüsebrühe, den trocken angerösteten Samen sowie dem Ei vermengen.

2| Die Gewürze, das Backpulver, die Petersilie und die Nüsse untermischen und im erhitzten Öl 4 Pfannkuchen von beiden Seiten goldgelb braten.

Riesenchampignons aus dem Ofen

gelingt leicht

Zutaten für 2 Personen

½ kleine Zwiebel
1 kleine Knoblauchzehe
2 Scheiben geräucherter Schinken
300 g tiefgekühlter Blattspinat
Salz
Pfeffer
6 Riesenchampignons
½ Kugel Mozzarella, 45 % Fett i. Tr.

Zubereitungszeit
25 Minuten

Garzeit
ca. 10 Minuten

Nährwert pro Portion
230 Kilokalorien/961 Kilojoule
21 g Eiweiß
15 g Fett
2 g Kohlenhydrate
0 BE

Zubereitung

1| Die Zwiebel und die Knoblauchzehe schälen und in feine Würfel schneiden. Den Schinken in schmale Streifen schneiden. In einer beschichteten Pfanne Schinkenstreifen, Zwiebel- und Knoblauchwürfel anbraten.
2| Den angetauten Spinat dazugeben, auftauen lassen und mit Salz und Pfeffer würzen.
3| Den Ofen auf 200 °C vorheizen.
4| Die Pilze putzen, die Stiele herausdrehen. Stiele in kleine Würfel schneiden und kurz zum Spinat geben. Die Pilze mit der Spinatmasse füllen und in eine feuerfeste Auflaufform setzen. Den Mozzarella in kleine Stücke schneiden und die gefüllten Pilze damit belegen.
5| Im Ofen in ca. 10 Minuten garen.

Tipp
Beachten Sie, dass dieses Gericht keine Kohlenhydrate liefert. Wir empfehlen insulinpflichtigen Diabetikern, eine kohlenhydrathaltige Beilage zu den Champignons zu essen, z. B. ein knusprig aufgebackenes Vollkornbrötchen.

Erdbeer-Smoothie

geht schnell

Zutaten für 2 Personen

300 g tiefgekühlte Erdbeeren
1 Becher Naturjoghurt,
  1,5 % Fett
125 ml Milch, 1,5 % Fett

Zubereitungszeit
ca. 5 Minuten

Antauzeit
ca. 30 Minuten

Nährwert pro Portion
113 Kilokalorien/961 Kilojoule
6 g Eiweiß
3 g Fett
14 g Kohlenhydrate
~ 1 BE

Zubereitung

1| Die Erdbeeren antauen lassen. Den Joghurt, die Milch und die Beeren in ein hohes Gefäß geben und mit dem Pürierstab cremig mixen.
2| In zwei Gläser füllen und sofort servieren.

Variation
Probieren Sie verschiedene Beeren (z. B. Heidelbeeren, Himbeeren, Brombeeren) oder andere Früchte (z. B. Aprikosen, Pfirsiche, Bananen) aus. Variieren Sie auch mit den Milchprodukten, z. B. Buttermilch, Kefir, Dickmilch.

Gurken-Melonen-Smoothie

geht schnell

Zutaten für 2 Personen

1 Teebeutel Pfefferminztee
1 Handvoll Eiswürfel
1 Galiamelone
1 Salatgurke
1 Stück frischer Ingwer
250 ml fettarmer Kefir
1 EL Honig

Zubereitungszeit
ca. 10 Minuten

Ziehzeit
10 Minuten

Kühlzeit
ca. 30 Minuten

Nährwert pro Portion
137 Kilokalorien/573 Kilojoule
5 g Eiweiß
2 g Fett
23 g Kohlenhydrate
~ 2 BE

Zubereitung

1| Den Pfefferminztee mit 200 ml kochendem Wasser überbrühen. 10 Minuten ziehen lassen und stark kühlen. Dazu das Gefäß mit dem Tee in eine Schüssel mit Eiswürfelwasser stellen.
2| Die Melone und die Gurke schälen, entkernen und in Stücke schneiden. Den Ingwer schälen und reiben.
3| Alle Zutaten in einen Mixer geben und kräftig pürieren. Sofort servieren.

Tipp
Smoothies sind Minimahlzeiten zum Trinken. Ihren Namen bekamen die angesagten Wellnessdrinks, weil sie so weich und sämig sind – eben „smooth". Smoothies sind Frucht- oder Gemüsepürees, die oft mit Saft oder Milchprodukten gemixt werden.

Suppen

Kürbissuppe

gut vorzubereiten

Zutaten für 2 Personen

- 1 Hokkaidokürbis
- 1 Karotte
- 1 eigroße Kartoffel
- 1 Zwiebel
- 1 EL Rapsöl
- 250 ml Gemüsebrühe (siehe unser Rezept auf Seite 107)
- 2 EL fettreduzierter Frischkäse
- Salz
- Pfeffer
- 1 EL gehackte Petersilie
- 1 EL Kürbiskerne

Zubereitungszeit
20 Minuten

Garzeit
ca. 25 Minuten

Nährwert pro Portion (ca. 250 ml)
305 Kilokalorien/1275 Kilojoule
10 g Eiweiß
18 g Fett
23 g Kohlenhydrate
~ 1 BE

Zubereitung

1| Das Gemüse putzen und waschen – Karotte, Kartoffel und Zwiebel schälen – und in grobe Würfel schneiden.
2| Das Öl erhitzen und alle Gemüsewürfel darin andünsten. Mit Brühe aufgießen und die Suppe ca. 20 Minuten bei mittlerer Hitze köcheln lassen.
3| Den Frischkäse einrühren und schmelzen lassen und mit Salz, Pfeffer und Petersilie würzen. Die Suppe mit einem Mixstab fein pürieren.
4| Die Kürbiskerne in einer beschichteten Pfanne ohne Fettzugabe anrösten, bis sie aromatisch zu duften beginnen. Die Suppe mit Kürbiskernen bestreut servieren.

Tipp
Schlanke Patienten können die Suppe mit 1 TL schmackhaftem Kürbiskernöl beträufeln. Dadurch erhöht sich der Kaloriengehalt der Suppe um 44 kcal/184 kJ und 5 g Fett.

Kochtipp
Falls die Suppe zu dickflüssig ist, gießen Sie noch etwas Wasser oder Gemüsebrühe hinzu.

Lauchsuppe mit Fleischklößchen

gut vorzubereiten

Zutaten für 2 Personen

1 große Stange Lauch
1 EL Rapsöl
½ Zitrone
2 Schmelzkäseecken,
   30 % Fett i. Tr.
1 TL Gemüsebrühe
Salz
Pfeffer
50 g Bratwurstbrät
1 EL gehackte Petersilie

Zubereitungszeit
15 Minuten

Garzeit
ca. 15 Minuten

Nährwert pro Portion (ca. 250 ml)
251 Kilokalorien/1049 Kilojoule
19 g Eiweiß
17 g Fett
6 g Kohlenhydrate
0 BE

Zubereitung

1| Den Lauch putzen, halbieren und gründlich unter fließendem, kaltem Wasser waschen. Die Lauchhälften in schmale, halbe Ringe schneiden. Eventuell nochmals waschen. Gut abtropfen lassen. Das Öl erhitzen und den Lauch darin andünsten.

2| Die Zitrone auspressen, den Saft mit 250 ml Wasser und dem Schmelzkäse zum Lauch geben, aufkochen lassen und Gemüsebrühe dazugeben. Die Suppe mit Salz und Pfeffer würzen.

3| Aus Bratwurstbrät kleine Klößchen formen, zur Suppe geben und ca. 10 Minuten gar ziehen lassen. Die Suppe sollte nicht kochen, da die Klößchen sonst zerfallen.

4| Die Lauchsuppe mit Petersilie bestreut servieren.

Kerbelschaumsuppe

gelingt leicht

Zutaten für 2 Personen

1 eigroße Kartoffel
1 kleine Zwiebel
2 dünne Scheiben geräucherter Schinken
1 EL Rapsöl
Salz
Pfeffer
300 ml Milch, 1,5 % Fett
50 g Kerbel
2 EL fettreduzierter Frischkäse

Zubereitungszeit
20 Minuten

Garzeit
20 Minuten

Nährwert pro Portion (ca. 250 ml)
274 Kilokalorien/1145 Kilojoule
13 g Eiweiß
17 g Fett
17 g Kohlenhydrate
~ 1 BE

Zubereitung

1| Die Kartoffel waschen. Die Zwiebel und die Kartoffel schälen und würfeln. Schinken fein würfeln. Das Öl in einem kleinen Topf erhitzen und die Zwiebel-, Kartoffel- und Schinkenwürfel darin anbraten, mit Salz und Pfeffer würzen und 250 ml Wasser dazugießen. Ca. 20 Minuten garen, bis die Kartoffeln weich sind.
2| 200 ml Milch dazugießen, aufkochen lassen und alles mit einem Pürierstab fein mixen.
3| Den Kerbel waschen, einige Blättchen beiseite legen und den restlichen Kerbel grob hacken. Zusammen mit dem Frischkäse im Mixer fein pürieren und zur Suppe geben, nochmals aufkochen lassen und mit Salz und Pfeffer würzen.
4| Die restliche Milch erwärmen und mit einem Milchaufschäumer luftig aufschlagen.
5| Die Suppe in zwei Suppenteller füllen, den Milchschaum darauf verteilen und mit Kerbelblättchen bestreut servieren.

Zucchinicremesuppe

gut vorzubereiten

Zutaten für 2 Personen

1 mittlere Zucchini
1 eigroße Kartoffel
1 Zwiebel
1 Knoblauchzehe
1 EL Olivenöl
4 EL Kondensmilch,
  7,5 % Fett
½ Topf Basilikum
Salz
Pfeffer
Muskatnuss

Zubereitungszeit
15 Minuten

Garzeit
10 Minuten

Nährwert pro Portion (ca. 250 ml)
209 Kilokalorien/874 Kilojoule
8 g Eiweiß
12 g Fett
17 g Kohlenhydrate
~ 0,5 BE

Zubereitung

1| Die Zucchini waschen, putzen und würfeln. Die Kartoffel waschen, schälen und in kleine Würfel schneiden. Die Zwiebel und die Knoblauchzehe schälen und in feine Würfel schneiden.

2| Das Öl erhitzen, die Zwiebel- und Knoblauchwürfel darin glasig dünsten. Die Zucchini- und Kartoffelwürfel dazugeben und mitdünsten. Mit 300 ml Wasser und der Kondensmilch aufgießen. Die Suppe ca. 10 Minuten bei mittlerer Hitze köcheln lassen.

3| Das Basilikum waschen, trocknen und in feine Streifen schneiden. Die Suppe pürieren und mit Basilikum, Salz, Pfeffer und Muskat würzen.

Leckere Lauch-Käse-Suppe

geht schnell

Zutaten für 2 Personen

1 Zwiebel
200 g Lauch
1 EL Rapsöl
50 g Rinderhackfleisch
2 Ecken Schmelzkäse,
 30 % Fett i. Tr.
200 g Champignons
Salz
Pfeffer

Zubereitungszeit
20 Minuten

Garzeit
30 Minuten

Nährwert pro Portion (ca. 250 ml)
240 Kilokalorien/1003 Kilojoule
20 g Eiweiß
15 g Fett
5 g Kohlenhydrate
0 BE

Zubereitung

1| Die Zwiebel schälen und in feine Würfel schneiden. Den Lauch putzen, halbieren und unter fließendem, kalten Wasser gründlich waschen. Den Lauch in halbe Ringe schneiden, bei Bedarf noch mal waschen. Gut abtropfen lassen.

2| Das Öl in einem Topf erhitzen und die Zwiebelwürfel darin goldgelb anbraten. Das Hackfleisch dazugeben und kräftig anbraten. Den Lauch dazugeben und kurz mitdünsten, 300 ml Wasser zugießen und die Suppe ca. 30 Minuten köcheln lassen.

3| Den Schmelzkäse in die Suppe geben und schmelzen lassen. Die Champignons putzen, halbieren, vierteln und zu der Suppe geben. Mit Salz und Pfeffer würzen und servieren.

Suppen

Räucheraalsuppe mit Croûtons

gelingt leicht

Zutaten für 2 Personen

100 g Räucheraal
½ kleine Fenchelknolle
1 kleine Stange Lauch
2 Zweige Dill
1 EL Rapsöl
100 ml trockener Weißwein
200 ml Fischfond
2 EL Kondensmilch, 7,5 % Fett
1 Scheibe Vollkorntoastbrot
1 TL Rapsöl

Zubereitungszeit
25 Minuten

Garzeit
20 Minuten

Nährwert pro Portion (ca. 250 ml)
498 Kilokalorien/2082 Kilojoule
15 g Eiweiß
29 g Fett
19 g Kohlenhydrate
~ 1 BE

Zubereitung

1| Den Aal häuten und in kleine Stücke teilen. Das Gemüse putzen, waschen und in kleine Stücke schneiden. Den Dill waschen, trocknen, die Spitzen von den Stielen zupfen und beiseite legen.

2| Das Öl in einem Topf erhitzen, Fenchel, Lauch und Dillstängel darin andünsten. Mit Wein ablöschen und ca. 10 Minuten bei mittlerer Hitze köcheln lassen.

3| Fischfond und Kondensmilch zum Gemüse gießen und weitere 5 Minuten einköcheln lassen. Die Suppe durch ein Sieb in einen Topf abgießen.

4| Das Gemüse mit einem Pürierstab mixen und in die Suppe zurückgeben. Die Fischstücke in die Suppe geben und weitere 5 Minuten bei kleiner Hitze ziehen lassen.

5| Das Toastbrot in Würfel schneiden, das Öl in einer Pfanne erhitzen und die Brotwürfel darin rundherum knusprig anbraten.

6| Die Suppe mit Croûtons und Dill garniert servieren.

Tipp
Eine Suppe für besondere Anlässe, da sie relativ viel Fett enthält und recht kalorienreich ist.

Spinatcremesuppe mit Käsekrustel

geht schnell

Zutaten für 2 Personen

Spinatcremesuppe
200 g tiefgekühlter Blattspinat
1 kleine Zwiebel
1 kleine Knoblauchzehe
1 EL Rapsöl
Salz
Pfeffer
Muskatnuss
250 ml Milch, 1,5 % Fett
1 TL gekörnte Gemüsebrühe

Käsekrustel
1 Scheibe Vollkorntoastbrot
2 EL geriebener Käse, 30 % Fett i. Tr.

Zubereitungszeit
15 Minuten

Garzeit
ca. 15 Minuten

Nährwert pro Portion (ca. 250 ml)
254 Kilokalorien/1062 Kilojoule
12 g Eiweiß
14 g Fett
18 g Kohlenhydrate
~ 1 BE

Zubereitung

1| Den Backofen auf 250 °C vorheizen.
2| Den Spinat auftauen und gut abtropfen lassen. Die Zwiebel und die Knoblauchzehe schälen und fein hacken. Das Öl erhitzen, die Zwiebel- und Knoblauchwürfel darin glasig dünsten. Den Spinat dazugeben und mit Salz, Pfeffer und Muskat würzen. Mit Milch auffüllen und Gemüsebrühe einrühren, die Suppe 10 Minuten köcheln lassen.
3| Das Toastbrot toasten und mit Käse bestreuen. Im Ofen goldgelb überbacken, herausnehmen, kurz abkühlen lassen.
4| Die Toastscheibe halbieren und mit der Suppe servieren.

Fränkische Kartoffelsuppe

Hausmannskost, preisgünstig

Zutaten für 2 Personen

1 Zwiebel
1 Karotte
1 Stück Sellerie
1 Stück Lauch
400 g mehlig kochende Kartoffeln
1 EL Rapsöl
3 Scheiben geräucherter Schinken
Salz
Pfeffer
Muskatnuss

Zubereitungszeit
25 Minuten

Garzeit
ca. 20 Minuten

Nährwert pro Portion (ca. 250 ml)
297 Kilokalorien/1242 Kilojoule
12 g Eiweiß
11 g Fett
35 g Kohlenhydrate
~ 3 BE

Zubereitung

1| Die Zwiebel schälen und in Würfel schneiden. Das Gemüse waschen, putzen und ebenfalls in Würfel schneiden. Die Kartoffeln waschen, schälen und grob zerkleinern. Den Schinken in feine Streifen schneiden.

2| Das Öl erhitzen, die Schinkenstreifen kross anbraten und die Zwiebel- und Gemüsewürfel sowie die Kartoffelstücke dazugeben und anschwitzen. Mit 0,5 l Wasser auffüllen und zugedeckt bei mittlerer Temperatur ca. 20 Minuten kochen lassen (Gemüse und Kartoffeln müssen weich sein).

3| Mit einem Pürierstab fein mixen und mit Salz, Pfeffer und Muskat würzen.

Kochtipp
Falls die Suppe zu dickflüssig ist, gießen Sie noch etwas Wasser oder Milch (1,5 % Fett) hinzu.

Rote Linsensuppe

gut vorzubereiten

Zutaten für 2 Personen

1 Karotte
1 Stück Sellerie
75 g rote Linsen
250 ml Gemüsebrühe (siehe unser Rezept auf Seite 107)
125 ml Weißwein
1 EL Olivenöl
4 EL Kondensmilch, 7,5 % Fett
Salz
Pfeffer

Zubereitungszeit
10 Minuten

Garzeit
ca. 20 Minuten

Nährwert pro Portion (ca. 250 ml)
253 Kilokalorien/1062 Kilojoule
10 g Eiweiß
11 g Fett
17 g Kohlenhydrate
0 BE

Zubereitung

1| Die Karotte und den Sellerie waschen, schälen, die Karotten in Scheiben und den Sellerie in kleine Würfel schneiden. Die Karottenscheiben, die Linsen mit der Brühe und dem Wein in einem Topf zu kochen bringen und ca. 10 Minuten bei mittlerer Hitze köcheln lassen.

2| Das Öl erhitzen und die Selleriewürfel andünsten und mit Kondensmilch aufgießen. Den Sellerie ebenfalls ca. 10 Minuten köcheln lassen und danach zur Suppe geben. Die Linsensuppe mit Salz und Pfeffer würzen.

Tipp
Die Suppe ist trotz Hülsenfrüchte nicht BE-pflichtig: Hülsenfrüchte steigern aufgrund ihres hohen Ballaststoffgehaltes den Blutzucker nur sehr langsam. Sie sind daher in normalen Verzehrportionen anrechnungsfrei.

Klare Gemüsebrühe

gut vorzubereiten

Zutaten für 4 Personen

6 dicke Karotten
1 Stück Sellerie
2 Stangen Lauch
2 große Gemüsezwiebeln
2 Tomaten
1 Bund Petersilie
1 TL weiße Pfefferkörner
1 TL Senfkörner
1 Lorbeerblatt
1 Nelke
1 Knoblauchzehe
Salz

Zubereitungszeit
30 Minuten

Garzeit
30 Minuten

Ziehzeit
1 Stunde

Nährwert pro Portion (ca. 250 ml)
82 Kilokalorien/343 Kilojoule
5 g Eiweiß
1 g Fett
13 g Kohlenhydrate
0 BE

Zubereitung

1| Das Gemüse waschen und putzen. Die Zwiebel schälen und mit den restlichen Gemüsesorten in grobe Stücke schneiden. Die Petersilie waschen, trocknen und grob zerkleinern.

2| Einen großen Topf mit 1,5 l Wasser befüllen, die vorbereiteten Zutaten und die Gewürze hineingeben. Die Knoblauchzehe schälen und zerdrücken, ebenfalls in den Topf geben und erhitzen. Den entstehenden Schaum abschöpfen. Bei mittlerer Hitze ca. 30 Minuten ohne Deckel kochen lassen. Die Suppe danach vom Herd nehmen und noch 1 Stunde ziehen lassen.

3| Ein Sieb mit einem sauberen Küchentuch auslegen und die fertige Brühe behutsam durch das Sieb gießen. Erst jetzt mit Salz würzen.

Variation

Ebenso eignen sich auch getrocknete Pilze (im Gewürzregal im Supermarkt zu finden) zur Herstellung einer Pilzbrühe. Verwenden Sie hierfür zusätzlich 30 g getrocknete Pilze.

Tipp
Die Mengenangaben sind für 1 Liter Brühe berechnet, da sich die Brühe sehr gut einfrieren lässt. Es bietet sich hier jedoch sogar an, die doppelte Menge zuzubereiten, da die Brühe vielseitig einsetzbar ist (z. B. für Suppen oder Soßen).

Suppen

Klare Geflügelbrühe

gut vorzubereiten

Zutaten für 4 Personen

3 dicke Karotten
1 Stück Sellerie
1 Stange Lauch
1 große Gemüsezwiebel
1 Bund Petersilie
1 kg Hühnerklein
1 TL weiße Pfefferkörner
1 TL Senfkörner
1 Lorbeerblatt
1 Nelke
1 Knoblauchzehe
Salz

Zubereitungszeit
30 Minuten

Garzeit
1 Stunde

Ziehzeit
1 Stunde

Nährwert pro Portion (ca. 250 ml)
134 Kilokalorien/560 Kilojoule
9 g Eiweiß
5 g Fett
13 g Kohlenhydrate
0 BE

Zubereitung

1| Das Gemüse waschen, putzen. Die Zwiebel schälen und mit den restlichen Gemüsesorten in grobe Stücke schneiden. Die Petersilie waschen, trocknen und grob zerkleinern.
2| Einen großen Topf mit 1,5 l Wasser befüllen, die vorbereiteten Zutaten, Hühnerklein und Gewürze hineingeben. Die Knoblauchzehe schälen und zerdrücken, ebenfalls in den Topf geben und erhitzen. Den entstehenden Schaum abschöpfen. Bei mittlerer Hitze ca. 1 Stunde ohne Deckel kochen lassen. Die Suppe danach vom Herd nehmen und noch 1 Stunde ziehen lassen.
3| Ein Sieb mit einem sauberen Küchentuch auslegen und die fertige Brühe behutsam durch das Sieb gießen. Erst jetzt mit Salz würzen.

Variation
Ebenso lassen sich natürlich auch genauso Rinder-, Lamm- oder Fischbrühen herstellen. Verwenden Sie stattdessen jeweils 1 kg Knochen bzw. Gräten der jeweiligen Sorte.

Kochtipp
Um den Fettgehalt der Brühe noch zu verringern, lassen Sie die Brühe kalt werden. Das Fett schwimmt an der Oberfläche und wird fest, sodass es sich leicht entfernen lässt.

Minestrone

gelingt leicht

Zutaten für 2 Personen

2 dünne Scheiben geräucherter Schinken
1 rote Zwiebel
1 Knoblauchzehe
1 Karotte
1 Zucchini
100 g Mangold
½ Bund Basilikum
1 EL Olivenöl
400 g geschälte Tomaten
½ Glas Rotwein
250 ml Gemüsebrühe (siehe unser Rezept auf Seite 107)
100 g weiße Bohnen aus der Dose
Salz
Pfeffer
30 g Parmesan

Zubereitungszeit
30 Minuten

Garzeit
ca. 35 Minuten

Nährwert pro Portion (ca. 250 ml)
326 Kilokalorien/1363 Kilojoule
18 g Eiweiß
17 g Fett
18 g Kohlenhydrate
0 BE

Zubereitung

1| Den Schinken in schmale Streifen schneiden. Die Zwiebel und die Knoblauchzehe schälen und fein würfeln. Die Karotte, die Zucchini und den Mangold waschen, putzen, die Karotte schälen. Das Gemüse grob zerkleinern. Das Basilikum waschen, trocknen und in feine Streifen schneiden.

2| Das Öl erhitzen und bis auf die Zucchini- und Mangoldstücke alle Gemüsezutaten und die Schinkenstreifen im Öl andünsten. Bei niedriger Hitze ca. 15 Minuten garen, bis alle Zutaten weich sind.

3| Nun Tomaten, Zucchini und Wein hinzufügen und köcheln lassen. Nach 15 Minuten Mangold, Brühe und Bohnen zugeben und nochmals ca. 5 Minuten köcheln lassen.

4| Die Minestrone mit Salz und Pfeffer würzen. Den Parmesan reiben und über die Minestrone streuen.

Tipp
Beachten Sie, dass dieses Gericht wenig blutzuckerrelevante Kohlenhydrate liefert. Daher empfehlen wir insulinpflichtigen Diabetikern, eine kohlenhydrathaltige Beilage zur Minestrone zu essen, z. B. eine Scheibe Vollkornbrot. Die Suppe ist trotz Hülsenfrüchte nicht BE-pflichtig: Hülsenfrüchte steigern aufgrund ihres hohen Ballaststoffgehaltes den Blutzucker nur sehr langsam. Sie sind daher in normalen Portionen anrechnungsfrei.

Kochtipp
Achten Sie bei der Auswahl der Gemüse auf saisonale Sorten. Diese schmecken einfach am besten.

Maissuppe

gelingt leicht

Zutaten für 2 Personen

2 große Tomaten
150 g Gemüsemais aus der Dose
1 Knoblauchzehe
1 Zwiebel
1 EL Olivenöl
250 ml Tomatensaft
250 ml Gemüsebrühe (siehe unser Rezept auf Seite 107)
Salz
Pfeffer
½ Bund Schnittlauch

Zubereitungszeit
20 Minuten

Garzeit
ca. 20 Minuten

Nährwert pro Portion (ca. 250 ml)
188 Kilokalorien/786 Kilojoule
7 g Eiweiß
10 g Fett
17 g Kohlenhydrate
0 BE

Zubereitung

1| Die Tomaten waschen, halbieren und den Strunk entfernen. Die Tomatenhälften in grobe Würfel schneiden. Die Hälfte der Maiskörner in ein hohes Gefäß geben und mit dem Pürierstab fein mixen.

2| Die Knoblauchzehe und die Zwiebel schälen und in feine Würfel schneiden. Das Öl erhitzen, Knoblauch und Zwiebel darin glasig dünsten. Die Tomatenwürfel dazugeben und bei niedriger Hitze 10 Minuten sanft köcheln lassen.

3| Tomatensaft, Brühe, Gewürze und restliche Maiskörner zugeben. Die Suppe zum Kochen bringen.

4| Den Schnittlauch waschen, trocknen, eventuell verlesen und in feine Röllchen schneiden. Über die Suppe streuen und sofort servieren.

Tipp

Beachten Sie bitte, dass dieses Gericht keine blutzuckerrelevanten Kohlenhydrate liefert. Daher empfehlen wir insulinpflichtigen Diabetiker, eine kohlenhydrathaltige Beilage zur Suppe zu essen, z. B. ein knusprig aufgebackenes Vollkornbrötchen.
Die Suppe ist trotz Mais nicht BE-pflichtig: Er steigert aufgrund seines hohen Ballaststoffgehaltes den Blutzucker nur sehr langsam und ist daher in normalen Portionen anrechnungsfrei.

Hühnertopf

gelingt leicht

Zutaten für 2 Personen

1 Tomate
1 kleine Zwiebel
1 kleine Karotte
1 Frühlingszwiebel
½ kleine Fenchelknolle
1 Stangensellerie
100 g Hähnchenbrustfilet
1 EL Rapsöl
0,5 l Geflügelbrühe (siehe unser Rezept auf Seite 108)
1 Handvoll Suppennudeln
½ TL abgeriebene Bio-Zitronenschale
½ EL Zitronensaft
Salz
Pfeffer

Zubereitungszeit
30 Minuten

Garzeit
ca. 15 Minuten

Nährwert pro Portion (ca. 250 ml)
272 Kilokalorien/1137 Kilojoule
9 g Eiweiß
15 g Fett
26 g Kohlenhydrate
~ 2 BE

Zubereitung

1| Die Tomate waschen, halbieren und den Strunk entfernen. Die Tomatenhälften in Würfel schneiden. Die Zwiebel schälen und in feine Würfel schneiden. Die Karotte schälen und in schmale Scheiben schneiden. Restliche Gemüsesorten waschen und putzen und in kleine Stücke schneiden.
2| Das Hähnchenbrustfilet waschen, trocknen und in Würfel schneiden.
3| Das Öl in einem Topf erhitzen und die Hühnerwürfel darin anbraten. Zwiebeln und Karotten dazugeben und mitbraten. Die restlichen Gemüsestücke zugeben und mitdünsten. Mit Geflügelbrühe ablöschen und die Nudeln dazugeben. Die Suppe ca. 10 Minuten kochen lassen.
4| Mit Zitronenschale, -saft und Salz sowie Pfeffer würzen.

Suppen

Miesmuscheln im Zwiebelsud

gut vorzubereiten

Zutaten für 2 Personen

1 Karotte
2 Zwiebeln
1 Knoblauchzehe
1,3 kg Miesmuscheln
1 EL Olivenöl
1 Zweig Thymian
100 ml Weißwein
Salz
Pfeffer
1 EL frischer Dill

Zubereitungszeit
25 Minuten

Garzeit
ca. 15 Minuten

Nährwert pro Portion (ca. 250 ml)
227 Kilokalorien/949 Kilojoule
12 g Eiweiß
10 g Fett
10 g Kohlenhydrate
0 BE

Zubereitung

1| Die Karotten waschen, schälen und in feine Streifen schneiden. Die Zwiebeln und die Knoblauchzehe schälen und fein hacken. Die Muscheln unter fließendem kaltem Wasser gründlich abbürsten, die Haftfäden entfernen. Bereits geöffnete Muscheln wegwerfen.

2| Das Öl in einem großen, breiten Topf erhitzen, Karotten, Zwiebeln und Knoblauch 5 Minuten farblos andünsten. Die Muscheln zugeben und 1 weitere Minute dünsten.

3| Den Thymian waschen, mit dem Wein und 150 ml Wasser zu den Muscheln geben, salzen und pfeffern und zugedeckt 6–7 Minuten garen. Dabei ab und zu wenden. Noch geschlossene Muscheln entfernen.

4| Den gehackten Dill dazugeben und sofort servieren.

Tipp
Beachten Sie bitte, dass dieses Gericht keine blutzuckerrelevanten Kohlenhydrate liefert. Daher empfehlen wir insulinpflichtigen Diabetiker, eine kohlenhydrathaltige Beilage zu den Muscheln zu essen, z. B. ein knusprig aufgebackenes Vollkornbrötchen.

Provenzalischer Gemüseeintopf

gut vorzubereiten

Zutaten für 2 Personen

1 kleine Aubergine
1 Zucchini
2 Tomaten
1 rote Paprikaschote
1 Zwiebel
1 Knoblauchzehe
1 EL Olivenöl
250 ml Tomatensaft
½ Bund italienische Kräuter,
   z. B. Thymian, Rosmarin,
   Basilikum
Salz
Pfeffer

Zubereitungszeit
20 Minuten

Garzeit
ca. 20 Minuten

Nährwert pro Portion (ca. 250 ml)
160 Kilokalorien/669 Kilojoule
5 g Eiweiß
9 g Fett
13 g Kohlenhydrate
0 BE

Zubereitung

1| Das Gemüse waschen, putzen und in grobe Würfel schneiden. Die Zwiebel und die Knoblauchzehe schälen und in feine Würfel schneiden.
2| Das Öl in einem mittleren Topf erhitzen und zuerst die Zwiebel- und Knoblauchwürfel darin anbraten. Restliche Gemüsewürfel dazugeben und mit dem Tomatensaft ablöschen. Den Eintopf bei milder Hitze 10–15 Minuten sanft köcheln lassen.
3| Die Kräuter waschen, trocknen und fein schneiden. Den Eintopf mit Salz, Pfeffer und Kräutern würzen.

Tipp
Insulinpflichtige Patienten sollten zu dem Eintopf eine kohlenhydrathaltige Beilage essen, z. B. ein Vollkornbrötchen.
Falls die Suppe noch zu dickflüssig ist, gießen Sie noch etwas Wasser hinzu.

Wintereintopf

gut vorzubereiten

Zutaten für 2 Personen

200 g tiefgekühlter Rosenkohl
1 Karotte
1 Stück Sellerie
2 eigroße Kartoffeln
750 ml Gemüsebrühe (siehe unser Rezept auf Seite 107)
Salz
Pfeffer
1 EL gehackte Petersilie

Zubereitungszeit
15 Minuten

Garzeit
ca. 25 Minuten

Nährwert pro Portion (ca. 250 ml)
168 Kilokalorien/702 Kilojoule
13 g Eiweiß
2 g Fett
22 g Kohlenhydrate
~ 1 BE

Zubereitung

1| Den Rosenkohl auftauen lassen. Karotte, Sellerie und Kartoffeln waschen, schälen, putzen und in Würfel schneiden.

2| Die Brühe erhitzen, alle Gemüsezutaten in die kochende Brühe geben und 20–25 Minuten köcheln lassen. Den Eintopf mit Salz, Pfeffer und Petersilie würzen und sofort servieren.

Saucen, Dips und Dressings

Frankfurter Grüne Sauce

geht schnell

Zutaten für 2 Personen

- ½ Bund Kräuter Frankfurter Grüne Sauce, z. B. Petersilie, Schnittlauch, Dill, Kerbel, Borretsch, Sauerampfer, Estragon
- ½ kleine Zwiebel
- ½ Becher Naturjoghurt, 1,5 % Fett
- ¼ Becher saure Sahne, 10 % Fett
- Salz
- Pfeffer
- 1 TL Zitronensaft

Zubereitungszeit
15 Minuten

Nährwert pro Portion
72 Kilokalorien/301 Kilojoule
3 g Eiweiß
5 g Fett
4 g Kohlenhydrate
0 BE

Zubereitung

1| Die Kräuter waschen und trocknen. Den Schnittlauch in feine Röllchen schneiden, die restlichen Kräuter fein hacken. Die Zwiebel schälen und in feine Würfel schneiden.

2| Den Joghurt mit der sauren Sahne glatt rühren und mit Salz, Pfeffer und Zitronensaft würzen. Die Zwiebelwürfel und die Kräuter unter die Masse rühren und noch mal abschmecken.

Tipp
Frankfurter Grüne Sauce passt gut zu Kartoffeln und Eiern, gekochtem Fleisch und Frikadellen.

Zitronensauce

geht schnell

Zutaten für 2 Personen

½ kleine Zwiebel
1 TL Rapsöl
60 ml trockener Weißwein
60 ml Milch, 1,5 % Fett
2 EL Kondensmilch, 7,5 % Fett
Salz
Pfeffer
½ Bio-Zitrone
2 TL fettreduzierter Frischkäse

Zubereitungszeit
15 Minuten

Nährwert pro Portion
109 Kilokalorien/456 Kilojoule
3 g Eiweiß
6 g Fett
4 g Kohlenhydrate
0 BE

Zubereitung

1| Die Zwiebel schälen und in feine Würfel schneiden. Das Öl erhitzen und die Zwiebelwürfel darin andünsten. Mit Wein, Milch und Kondensmilch ablöschen und die Sauce einkochen lassen. Mit Salz und Pfeffer würzen.

2| Die Zitrone heiß waschen, etwas Zitronenschale fein abreiben, den Saft auspressen und zusammen mit dem Frischkäse zur Sauce geben. Gut verrühren und heiß servieren.

Tipp
Zitronensauce passt gut zu gebratenem Fleisch, gedünstetem Fisch oder zu einer feinen Gemüseplatte.

Paprikasauce

gelingt leicht

Zutaten für 2 Personen

½ kleine Zwiebel
1 kleine Knoblauchzehe
½ rote Paprikaschote
½ gelbe Paprikaschote
1 TL Olivenöl
120 ml Gemüsebrühe (siehe unser Rezept auf Seite 107)
2 geh. EL fettreduzierter Frischkäse
Salz
Pfeffer
Cayennepfeffer
½ EL Schnittlauchröllchen

Zubereitungszeit
20 Minuten

Garzeit
5 Minuten

Nährwert pro Portion
156 Kilokalorien/652 Kilojoule
7 g Eiweiß
11 g Fett
8 g Kohlenhydrate
0 BE

Zubereitung

1| Die Zwiebel und den Knoblauch schälen und in feine Würfel schneiden. Die Paprikaschoten waschen, entkernen und in kleine Würfel schneiden.
2| Das Öl erhitzen und die Zwiebel- und Knoblauchwürfel darin andünsten. Die Paprikawürfel dazugeben und kurz mitdünsten. Mit Brühe ablöschen, den Frischkäse dazugeben, gut verrühren und ca. 5 Minuten köcheln lassen. Mit einem Pürierstab cremig mixen.
3| Die Sauce mit Gewürzen und Schnittlauchröllchen abschmecken.

Tipp
Paprikasauce passt hervorragend zu kurzgebratenem Fleisch.

Champignon-Gorgonzola-Sauce

gelingt leicht

Zutaten für 2 Personen

1 Schalotte
10 Champignons
1 TL Rapsöl
1 TL Zitronensaft
1 EL fettreduzierter Frischkäse
1 mittleres Stück Gorgonzola
Salz
Pfeffer
1 Zweig Petersilie
1 EL saure Sahne, 10 % Fett

Zubereitungszeit
25 Minuten

Garzeit
ca. 8 Minuten

Nährwert pro Portion
147 Kilokalorien/615 Kilojoule
8 g Eiweiß
14 g Fett
2 g Kohlenhydrate
0 BE

Zubereitung

1| Die Schalotte schälen und fein würfeln. Die Champignons trocken putzen und in dünne Scheiben schneiden. Das Öl erhitzen und die Schalottenwürfel darin glasig andünsten. Die Pilzscheiben dazugeben und ca. 5 Minuten mitdünsten. Zitronensaft und Frischkäse dazugeben und aufkochen lassen.
2| Den Gorgonzola in Stücke schneiden, zur Sauce geben, unter Rühren schmelzen und einige Minuten köcheln lassen.
3| Die Sauce mit Salz und Pfeffer würzen.
4| Die Petersilie waschen, trocknen, die Blättchen vom Stängel zupfen und fein hacken. Die Petersilie mit der sauren Sahne in die Sauce geben, vom Herd ziehen und gut verrühren.

Tipp
Die Champignon-Gorgonzola-Sauce passt hervorragend zu Pasta aller Art.

Kochtipp
Beachten Sie, dass die Sauce nicht mehr kochen sollte, sobald die saure Sahne eingerührt ist. Die Sahne flockt sonst aus, und die Sauce wäre nicht mehr cremig.

Quark-Meerrettich-Dip

geht schnell

Zutaten für 2 Personen

1 kleiner Apfel
1 EL Zitronensaft
125 g Magerquark
1 EL Meerrettich aus dem Glas
1 Schuss kohlensäurehaltiges Mineralwasser
Salz
Pfeffer
1 Zweig Petersilie

Zubereitungszeit
15 Minuten

Nährwert pro Portion
87 Kilokalorien/364 Kilojoule
9 g Eiweiß
0 g Fett
10 g Kohlenhydrate
0,5 BE

Zubereitung

1| Den Apfel schälen, vierteln, entkernen und mit Schale fein raspeln. Sofort mit dem Zitronensaft vermischen.
2| Den Quark mit dem Meerrettich und einem Schuss kohlensäurehaltigem Mineralwasser glatt rühren. Die Apfelraspel unterrühren und mit Salz und Pfeffer würzen.
3| Die Petersilie waschen, trocknen und fein hacken. Mit Petersilie bestreut servieren.

Tipp
Für den Dip sind säuerliche Apfelsorten wie Boskop oder Cox Orange besonders gut geeignet.

Käsesauce

geht schnell

Zutaten für 2 Personen

1 Stück Edelpilzkäse,
  50 % Fett i. Tr.
100 ml Milch, 1,5 % Fett
50 g Joghurt, 1,5 % Fett
1 EL Weißweinessig
Pfeffer
1 EL Schnittlauchröllchen

Zubereitungszeit
ca. 5 Minuten

Nährwert pro Portion
120 Kilokalorien/502 Kilojoule
9 g Eiweiß
7 g Fett
4 g Kohlenhydrate
0 BE

Zubereitung

1| In einem kleinen Topf den Käse mit der Milch zum Schmelzen bringen.
2| Anschließend den Joghurt mit dem Essig zugeben und mit Pfeffer und Schnittlauch würzen.

Tipp
Die Käsesauce können Sie besonders gut zu Nudeln und buntem Gemüse reichen.

Tomaten-Estragon-Dip

gelingt leicht

Zutaten für 2 Personen

100 g Tomaten
1 Zweig Kerbel
2 Zweige Estragon
2 EL Kondensmilch,
 7,5 % Fett
1 EL süßer Senf
1 TL Zitronensaft
Salz
Pfeffer
einige Spritzer Tabasco

Zubereitungszeit
20 Minuten

Nährwert pro Portion
46 Kilokalorien/192 Kilojoule
3 g Eiweiß
2 g Fett
5 g Kohlenhydrate
0 BE

Zubereitung

1| Die Tomaten waschen, halbieren und den Stängelansatz entfernen. Das Fruchtfleisch in kleine Würfel schneiden.
2| Die Kräuter waschen, trocknen, die Blättchen von den Stielen zupfen und fein hacken.
3| Kondensmilch, Senf und Zitronensaft miteinander verrühren und mit Salz, Pfeffer und Tabasco pikant würzen. Die Tomaten mit der Masse vermengen und ggf. nochmals nachwürzen.

Rucola-Parmesan-Dip

etwas teurer

Zutaten für 2 Personen

50 g Rucola
1 Knoblauchzehe
½ Bio-Zitrone
30 g Parmesan, 32 % Fett i. Tr.
1 TL Pinienkerne
1 EL Olivenöl
2 EL Naturjoghurt, 1,5 % Fett
Salz
Pfeffer

Zubereitungszeit
15 Minuten

Nährwert pro Portion
170 Kilokalorien/711 Kilojoule
7 g Eiweiß
15 g Fett
2 g Kohlenhydrate
0 BE

Zubereitung

1| Den Rucola waschen, verlesen und grob hacken. Den Knoblauch schälen und in feine Würfel schneiden. Die Zitrone heiß waschen, die Schale abreiben und den Saft auspressen.
2| Rucola, Knoblauch, Zitronenschale und -saft mit Parmesan, Pinienkernen, Öl und Joghurt fein pürieren.
3| Den Dip mit Salz und Pfeffer würzen.

Variation
Falls Sie keine Pinienkerne bekommen, verwenden Sie stattdessen Sonnenblumenkerne.

Aïoli

geht schnell

Zutaten für 2 Personen

1 EL fettreduzierte Mayonnaise
2 EL Naturjoghurt, 1,5 % Fett
1 Knoblauchzehe
4 getrocknete Tomaten in Öl
Salz
Pfeffer

Zubereitungszeit
10 Minuten

Nährwert pro Portion
117 Kilokalorien/489 Kilojoule
2 g Eiweiß
10 g Fett
4 g Kohlenhydrate
0 BE

Zubereitung

1| Die Mayonnaise mit dem Joghurt glatt rühren. Die Knoblauchzehe schälen und in feine Würfel schneiden.
2| Die eingelegten Tomaten gut abtropfen lassen und in kleine Würfel schneiden.
3| Knoblauch- und Tomatenwürfel unter die Joghurtmasse rühren und mit Salz und Pfeffer würzen.

Saucen, Dips und Dressings

Tomatensalsa

geht schnell

Zutaten für 2 Personen

3 Tomaten
½ kleine rote Zwiebel
1 Knoblauchzehe
2 Zweige Basilikum
1 EL Olivenöl
Salz
Pfeffer

Zubereitungszeit
10 Minuten

Nährwert pro Portion
109 Kilokalorien/456 Kilojoule
2 g Eiweiß
10 g Fett
5 g Kohlenhydrate
0 BE

Zubereitung

1| Die Tomaten waschen, halbieren und den Strunk entfernen. Die Tomatenhälften in kleine Würfel schneiden.
2| Die Zwiebel und die Knoblauchzehe schälen und in feine Würfel schneiden.
3| Das Basilikum waschen, trocknen und in schmale Streifen schneiden.
4| Öl, Gewürze und Basilikumstreifen mit den Tomaten-, Zwiebel- und Knoblauchwürfeln mischen.

Aprikosen-Chutney

gelingt leicht

Zutaten für ca. 3 Gläser

1 kg Aprikosen
2 Schalotten
2 EL Zitronensaft
2 EL Weißweinessig
4 EL Pfirsichsaft
2 EL brauner Zucker
2 TL Apfelpektin

Zubereitungszeit
15 Minuten

Garzeit
ca. 11 Minuten

Nährwert pro Portion (ca. 20 g)
12 Kilokalorien/51 Kilojoule
0 g Eiweiß
0 g Fett
3 g Kohlenhydrate
0 BE

Zubereitung

1| Die Aprikosen waschen, vierteln und entsteinen. Die Aprikosenviertel in dünne Spalten schneiden. Die Schalotten schälen, halbieren und grob würfeln.

2| Aprikosen, Schalotten, Zitronensaft, Essig, Pfirsichsaft und Zucker in einen Topf geben und zum Kochen bringen. Die Masse ca. 10 Minuten kochen lassen.

3| Apfelpektin einrühren und nochmals ca. 1 Minute kochen lassen. Etwas abkühlen lassen und in kleine Schraubgläser füllen.

Tipp
Aprikosen-Chutney lässt sich gut auf Vorrat herstellen. In Schraubgläsern hält sich es sich einige Tage im Kühlschrank.
Genießen Sie das Chutney zu Camembert oder Brie, gegrilltem Geflügel oder hellem Fleisch.
Falls Sie kein Apfelpektin bekommen, können Sie das Rezept auch ohne Apfelpektin zubereiten. Damit das Chutney nicht zu dünnflüssig bleibt, pürieren Sie die Hälfte des Chutneys mit einem Mixstab fein. Danach geben Sie das pürierte Chutney wieder unter die restliche Masse.

Saucen, Dips und Dressings

Avocado-Dip

geht schnell

Zutaten für 2 Personen

1 kleine reife Avocado
1 EL Zitronensaft
1 kleine Knoblauchzehe
1 kleine Chilischote
Salz
Pfeffer

Zubereitungszeit

15 Minuten

Nährwert pro Portion
167 Kilokalorien/698 Kilojoule
2 g Eiweiß
18 g Fett
1 g Kohlenhydrate
0 BE

Zubereitung

1| Die Avocado schälen und halbieren. Den Kern entfernen und das Fruchtfleisch mit einem Löffel herauskratzen. Sofort mit Zitronensaft beträufeln.

2| Die Knoblauchzehe schälen und in feine Würfel schneiden. Die Chilischote waschen, halbieren, entkernen und fein hacken. Zusammen mit den Knoblauchwürfeln unter das Avocadofruchtfleisch mischen. Masse mit einer Gabel grob zerdrücken und mit Salz und Pfeffer würzen.

Tipp

Ein Rezept für besondere Anlässe, da die Fettmenge und der Energiegehalt recht hoch liegen. Allerdings liefert die Avocado, trotz des hohen Fettgehaltes, reichlich „gesunde" Fette, welche vor Gefäßverkalkung schützen können. Um das Knoblaucharoma abzumildern, blanchieren Sie den Knoblauch 2–3 Minuten in etwas Gemüsebrühe.

Variation

Probieren Sie auch einmal etwas frischen Ingwer und eine Messerspitze Zimt als zusätzliche Aromen.

Käse-Joghurt-Dressing

geht schnell

Zutaten für 2 Personen

40 g Blauschimmelkäse, 50 % Fett i. Tr.
1 Becher Naturjoghurt, 1,5 % Fett
Salz
Pfeffer
1 TL Zitronensaft
½ Bund Schnittlauch

Zubereitungszeit
10 Minuten

Nährwert pro Portion
108 Kilokalorien/451 Kilojoule
7 g Eiweiß
7 g Fett
3 g Kohlenhydrate
0 BE

Zubereitung

1| Den Käse zerkrümeln und mit dem Joghurt mit einem Pürierstab fein mixen. Mit Salz, Pfeffer und Zitronensaft würzen.
2| Den Schnittlauch waschen, trocknen und in feine Röllchen schneiden. Die Schnittlauchröllchen unter das Dressing mischen.

Senfdressing

geht schnell

Zutaten für 2 Personen

50 g Naturjoghurt, 1,5 % Fett
2 TL Dijonsenf
1 EL Himbeeressig
1 EL Rapsöl
Salz
Pfeffer
½ kleinen Bund Schnittlauch

Zubereitungszeit
10 Minuten

Nährwert pro Portion
95 Kilokalorien/397 Kilojoule
2 g Eiweiß
9 g Fett
2 g Kohlenhydrate
0 BE

Zubereitung

1| Aus Joghurt, Senf, Essig und Öl eine Salatsoße herstellen. Mit Salz und Pfeffer würzen.
2| Den Schnittlauch waschen, trocknen und in feine Röllchen schneiden. Die Schnittlauchröllchen mit der Salatsoße vermengen.

Kräuterdressing

geht schnell

Zutaten für 2 Personen

je ½ Bund Dill und Petersilie
1 kleine blaue Zwiebel
1 EL Rapsöl
1 EL Weißweinessig
½ TL Senf
½ TL Honig
Salz
Pfeffer

Zubereitungszeit
10 Minuten

Nährwert pro Portion
86 Kilokalorien/360 Kilojoule
1 g Eiweiß
8 g Fett
3 g Kohlenhydrate
0 BE

Zubereitung

1| Die Kräuter waschen, trocknen, die Blättchen von den Stängeln zupfen und fein hacken.
2| Die Zwiebel schälen und in kleine Würfel schneiden.
3| Aus Öl, Essig, Senf, Honig und Gewürzen eine Salatsoße herstellen. Kräuter und Zwiebel zugeben und ggf. nochmals abschmecken.

Variation
Natürlich eignen sich auch viele andere Kräuter zur Herstellung dieses Dressings. Probieren Sie das Rezept einfach nach Herzenslust mit den Kräuter, die Ihnen zur Verfügung stehen.

Mangodressing

geht schnell

Zutaten für 2 Personen

1 Mango
50 g Naturjoghurt, 1,5 % Fett
1 TL Dijonsenf
1 EL Zitronensaft
½ Bund Schnittlauch
Salz
Pfeffer

Zubereitungszeit
15 Minuten

Nährwert pro Portion
71 Kilokalorien/297 Kilojoule
3 g Eiweiß
2 g Fett
10 g Kohlenhydrate
1 BE

Zubereitung

1| Die Mango schälen, den Stein entfernen und das Fruchtfleisch würfeln. Naturjoghurt, Senf und Zitronensaft miteinander vermischen. Den Schnittlauch waschen, trocknen und in feine Röllchen schneiden.

2| Die Mangowürfel in ein hohes Gefäß geben, die Joghurtsoße dazugeben und mit einem Pürierstab glatt pürieren. Das Dressing mit Salz und Pfeffer würzen. Die Schnittlauchröllchen unter das Dressing rühren.

Hauptgerichte

Hauptgerichte mit Fleisch

Zwiebelfleisch mit Sauerkraut und Kartoffelbrei

braucht etwas mehr Zeit

Zutaten für 2 Personen

Zwiebelfleisch
250 g Schweinenackensteak
2 TL Senf
Salz
Pfeffer
3 Zwiebeln

Kartoffelbrei
5 eigroße Kartoffeln
125 ml Milch, 1,5 % Fett
Muskatnuss

Sauerkraut
1 kleine Zwiebel
1 EL Rapsöl
30 g geräucherter Schinken
400 g Sauerkraut
1 Lorbeerblatt

Zubereitungszeit
30 Minuten

Garzeit
1 Stunde 40 Minuten

Nährwert pro Portion
456 Kilokalorien/1906 Kilojoule
41 g Eiweiß
12 g Fett
41 g Kohlenhydrate
~ 4 BE

Zubereitung

1| Die Steaks mit Senf bestreichen und in schmale Streifen schneiden. Die Fleischstreifen mit Salz und Pfeffer würzen.

2| Den Backofen auf 175 °C vorheizen.

3| Die Zwiebeln schälen und in Scheiben schneiden. Eine feuerfeste Form mit Zwiebeln und Fleischstreifen im Wechsel befüllen und zugedeckt im Ofen bei 175 °C ca. 1 Stunde garen.

4| Die Kartoffeln waschen und im Dampfdrucktopf ca. 10 Minuten garen. Kurz abkühlen lassen, schälen und durch eine Kartoffelpresse drücken. Milch in einem kleinen Topf kurz erwärmen und zu der Kartoffelmasse geben. Gut verrühren und mit Salz, Pfeffer und Muskatnuss würzen.

5| Für das Sauerkraut die Zwiebel schälen und fein hacken. Öl in einer Pfanne erwärmen. Schinken in kleine Würfel schneiden und zusammen mit den Zwiebeln in einem kleinen Topf anbraten. Sauerkraut und Lorbeerblatt dazugeben und ca. 30 Minuten garen.

Zwiebelgulasch mit Bandnudeln

gelingt leicht

Zutaten für 2 Personen

Zwiebelgulasch
3 Zwiebeln
100 g Rindfleisch
100 g Schweinefleisch
1 rote Paprikaschote
1 EL Rapsöl
1 EL Tomatenmark
½ kleine Dose passierte Tomaten
125 ml Gemüsebrühe (siehe unser Rezept auf Seite 107)
Salz
Pfeffer

Bandnudeln
120 g Vollkornbandnudeln
½ Bund Schnittlauch

Zubereitungszeit
30 Minuten

Garzeit
ca. 20 Minuten

Nährwert pro Portion
488 Kilokalorien/2040 Kilojoule
36 g Eiweiß
18 g Fett
45 g Kohlenhydrate
~ 4 BE

Zubereitung

1| Die Zwiebeln schälen und in Würfel schneiden. Das Fleisch waschen und trocknen und in Würfel schneiden. Die Paprika waschen, halbieren, entkernen und in Würfel schneiden.

2| Das Öl im Dampfdrucktopf erhitzen und die Zwiebel- und Fleischwürfel scharf anbraten. Tomatenmark dazugeben und mitbraten. Die Paprikawürfel, die passierten Tomaten und die Brühe dazugeben und den Topf verschließen. Das Gulasch 12 Minuten garen lassen.

3| Salzwasser zum Kochen bringen und die Bandnudeln nach Packungsanweisung *al dente* garen. Den Schnittlauch waschen und in schmale Röllchen schneiden.

4| Das Gulasch nach Ende der Garzeit mit Salz und Pfeffer würzen. Falls die Konsistenz zu flüssig ist, die Fleischstücke herausnehmen und die restliche Masse mit einem Pürierstab fein mixen. Die Fleischstücke anschließend wieder dazugeben.

5| Die Nudeln mit der einen Hälfte der Schnittlauchröllchen würzen und auf Teller verteilen. Das Gulasch dazugeben. Mit den restlichen Schnittlauchröllchen garnieren.

Italienische Rumpsteaks mit Kräuterbaguette

gelingt leicht

Zutaten für 2 Personen

Rindersteaks
1 Zweig Rosmarin
1 EL Olivenöl
1 EL Zitronensaft
2 EL schwarze, entsteinte Oliven
250 g Rumpsteak
1 TL Olivenöl
20 Kirschtomaten
Salz
Pfeffer

Kräuterbaguette
½ Körnerbaguette (ca. 20 cm)
1 Bund italienische Kräuter, z. B. Basilikum, Thymian, Oregano
1 Knoblauchzehe
1 EL Olivenöl
50 g Rucola
1 EL Balsamicoessig

Zubereitungszeit
30 Minuten

Garzeit
ca. 12 Minuten

Nährwert pro Portion
612 Kilokalorien/2558 Kilojoule
38 g Eiweiß
40 g Fett
26 g Kohlenhydrate
~ 2 BE

Zubereitung

1| Den Backofen auf 250 °C vorheizen. Die Rosmarinnadeln von den Zweigen zupfen und fein schneiden und mit Öl und Zitronensaft vermischen. Die Oliven in kleine Würfel schneiden und zur Ölmischung geben.

2| Das Steak von Sehnen oder Fett befreien. Das restliche Öl in eine beschichtete Pfanne geben und das Fleisch scharf anbraten. Herausnehmen und in Alufolie wickeln und 5 Minuten ruhen lassen.

3| Die Tomaten waschen, den Strunk entfernen und im restlichen Bratfett kurz anbraten.

4| Das Baguette schräg einschneiden. Die Kräuter waschen, trocknen, die Blättchen von den Stängeln zupfen und fein hacken. Die Knoblauchzehe schälen und in feine Würfel schneiden. Aus Kräutern, Knoblauchwürfeln und Öl eine Paste herstellen. Die Knoblauchpaste zwischen die einzelnen Brotscheiben streichen und das Brot in Alufolie einwickeln.

5| Das Fleisch in dünne Streifen schneiden und in eine feuerfeste Form legen. Die Tomaten um die Fleischstreifen verteilen, mit dem Rosmarinöl beträufeln und mit Salz und Pfeffer würzen.

6| Im heißen Ofen gemeinsam mit dem Baguette ca. 7–8 Minuten garen. Den Rucola waschen, trocknen, über das Fleisch streuen und mit Balsamicoessig beträufeln. Zusammen mit dem Baguette servieren.

Tipp
Ein Rezept für besondere Anlässe, da es relativ viel Fett und Eiweiß enthält und recht kalorienreich ist.

Kräuterfilet mit Frühlingsgemüse und Petersilienkartoffeln

etwas teurer

Zutaten für 2 Personen

Frühlingsgemüse
½ kg Spargel
1 EL Zitronensaft
Salz
1 Prise Zucker
½ Bund junge Frühlingskarotten
1 kleiner junger Kohlrabi
1 Schalotte
1 TL Rapsöl
Muskat

Kräuterfilet mit Kartoffeln
200 g Schweinefilet
Pfeffer
1 EL Rapsöl
4 eigroße Kartoffeln
2 Zweige Kerbel
4 Zweige Petersilie
½ Bund Schnittlauch

Zubereitungszeit
40 Minuten

Garzeit
ca. 40 Minuten

Nährwert pro Portion
441 Kilokalorien/1843 Kilojoule
32 g Eiweiß
17 g Fett
39 g Kohlenhydrate
~ 2 BE

Zubereitung

1| Den Spargel waschen, schälen und die unteren holzigen Enden abschneiden. Die Spargelschalen mit 250 ml Wasser, Zitronensaft, Salz und Zucker aufkochen und ca. 15 Minuten köcheln lassen. Den Spargelfond durch ein Sieb in ein Gefäß gießen.

2| Den Ofen auf 160 °C vorheizen. Das Fleisch waschen, trocknen und mit Salz und Pfeffer einreiben. Die Hälfte des Öls in einer backofengeeigneten Pfanne erhitzen und das Filet darin kräftig anbraten. Das Fleisch im Ofen ca. 15–20 Minuten garen.

3| Die Karotten und den Kohlrabi waschen, zusammen mit der Schalotte schälen. Die Schalotte fein würfeln, Karotten und Kohlrabi in schmale Scheiben schneiden.

4| Das restliche Öl erhitzen und das vorbereitete Gemüse darin andünsten. Den Spargelfond zugießen und mit Salz, Pfeffer und Muskat würzen. Das Gemüse zugedeckt ca. 15 Minuten garen.

5| Die Kartoffeln waschen, schälen und im Dampfdrucktopf 10 Minuten garen.

6| Die Kräuter waschen, trocknen und die Blättchen von Kerbel und Petersilie fein hacken. 1 EL der Kerbel-Petersilien-Mischung beiseite legen. Den Schnittlauch in feine Röllchen schneiden und unter die Kräuter mischen. Das Fleisch aus dem Backofen nehmen und zugedeckt ca. 5 Minuten ruhen lassen. Danach das Fleisch in den Kräutern wälzen und in schmale, schräge Scheiben schneiden.

7| Die Kartoffeln mit den restlichen Kräutern bestreuen und mit dem Gemüse und den Fleischscheiben servieren.

Frikadellen „Kreta" mit Gurkensalat und Knoblauchkartoffeln

preisgünstig

Zutaten für 2 Personen

Knoblauchkartoffeln
6 eigroße Kartoffeln
1 TL Olivenöl
2 Knoblauchzehen
Salz, Pfeffer
1 Zweig Rosmarin
1 Zweig Thymian

Frikadellen „Kreta"
50 g Schafskäse
150 g gemischtes Hackfleisch
½ kleines Ei
½ eingeweichtes, ausgedrücktes Brötchen
Salz, Pfeffer
1 EL Olivenöl

Gurkensalat
1 kleine Salatgurke
1 kleine blaue Zwiebel
2 EL Naturjoghurt
1 EL Essig
Salz, Pfeffer
2 Zweige Dill

Zubereitungszeit
30 Minuten

Garzeit
ca. 40 Minuten

Zubereitung

1| Den Backofen auf 200 °C vorheizen.
2| Die Kartoffeln waschen, trocknen und halbieren. Das Backblech dünn mit Öl einpinseln und die Kartoffeln mit der Schnittfläche auf das Backblech legen. Den Knoblauch schälen und fein schneiden, zusammen mit Salz, Pfeffer und den gewaschenen und klein geschnittenen Kräutern über den Kartoffeln verteilen. Im Backofen ca. 30 Minuten garen.
3| Den Schafskäse in 4 gleich große Stücke zerteilen. Aus Hackfleisch, Ei, Brötchen, Salz und Pfeffer einen Hackfleischteig zubereiten. Teig in 4 Portionen aufteilen, ein Stück Käse in die Mitte jedes Fleischbällchens drücken und jeweils zu vier flachen Frikadellen formen.
4| Die Gurke waschen, putzen und auf einer Gemüsereibe grob raffeln. Die Zwiebel schälen und in feine Würfel schneiden. Aus Joghurt, Essig und Gewürzen ein Dressing herstellen. Den Dill waschen, trocknen und die Blättchen fein hacken. Dressing und Dill unter die Gurken mischen.
5| Das Öl in einer beschichteten Pfanne erhitzen und die Frikadellen rundherum bei mittlerer Hitze ca. 10 Minuten braten.
6| Die Frikadellen mit den Knoblauchkartoffeln und dem Salat servieren.

Nährwert pro Portion
591 Kilokalorien/2470 Kilojoule
34 g Eiweiß
29 g Fett
46 g Kohlenhydrate
~ 4 BE

Hauptgerichte mit Geflügel

Ungarisches Paprikahähnchen mit Reis

preisgünstig

Zutaten für 2 Personen

Paprikahähnchen
2 Hähnchenkeulen
  (à ca. 130 g)
1 EL Paprikapulver, edelsüß
Salz
Pfeffer
1 EL Rapsöl
2 Zwiebeln
1 Knoblauchzehe
1 rote Paprikaschote
1 gelbe Paprikaschote
1 Fleischtomate
125 ml Rotwein
1 EL Kondensmilch,
  7,5 % Fett

Reis
4 EL Naturreis
Salz
2 EL Maiskörner

Zubereitungszeit
30 Minuten

Garzeit
ca. 50 Minuten

Nährwert pro Portion
575 Kilokalorien/2404 Kilojoule
42 g Eiweiß
25 g Fett
36 g Kohlenhydrate
~ 2,5 BE

Zubereitung

1| Die Hähnchenkeulen waschen und mit Küchenkrepp abtupfen. Aus Paprikapulver, Salz und Pfeffer eine Gewürzmischung herstellen und die Keulen damit gleichmäßig damit einreiben.

2| Das Öl in einer großen Pfanne erhitzen und die Hähnchenkeulen darin von allen Seiten goldbraun anbraten. Aus der Pfanne nehmen und kurz warmstellen. Das Bratfett nicht weggießen.

3| Die Zwiebeln und den Knoblauch schälen und fein würfen. Die Paprikaschoten waschen, halbieren, entkernen und in schmale Streifen schneiden. Die Tomate waschen, halbieren, den Strunk entfernen und die Tomatenhälften in Würfel schneiden. Das Gemüse im restlichen Bratfett anbraten und mit Wein ablöschen. Die Hähnchenkeulen in die Pfanne geben und zugedeckt ca. 45 Minuten garen.

4| Den Reis in der doppelten Menge Salzwasser ebenfalls ca. 30–45 Minuten garen. Die Maiskörner abtropfen lassen und kurz vor Ende der Garzeit unter den Reis rühren.

5| Nach Ende der Garzeit der Hähnchenkeulen die Kondensmilch in die Sauce einrühren und ggf. nochmals abschmecken.

Hähnchenrisotto

gelingt leicht

Zutaten für 2 Personen

1 kleine Knoblauchzehe
1 TL Olivenöl
100 g Risottoreis
250 ml Gemüsebrühe (siehe unser Rezept auf Seite 107)
10 Champignons
1 kleine Tasse tiefgekühlte Erbsen
1 Zucchini
80 ml Weißwein
Salz
Pfeffer
Muskatnuss
1 TL Honig
200 g Hähnchenbrustfilet
1 TL Olivenöl
1 Zweig Petersilie

Zubereitungszeit
40 Minuten

Garzeit
35 Minuten

Nährwert pro Portion
418 Kilokalorien/1747 Kilojoule
26 g Eiweiß
7 g Fett
57 g Kohlenhydrate
4 BE

Zubereitung

1| Den Knoblauch schälen und in feine Würfel schneiden. Das Öl erhitzen, den Knoblauch und den Reis darin glasig dünsten. Die Brühe angießen und den Reis ca. 20 Minuten bei mittlerer Hitze ausquellen lassen.

2| Die Pilze putzen und in schmale Scheiben schneiden, die Erbsen antauen lassen. Die Zucchini waschen, putzen und in kleine Würfel schneiden. Gemüse und Wein zum Reis geben und weitere 10 Minuten garen lassen. Den Risotto mit Gewürzen und Honig würzen.

3| Das Hähnchenfilet waschen, trocknen und in schmale Streifen schneiden. Die Fleischstreifen mit Salz und Pfeffer würzen. Das Öl in einer beschichteten Pfanne erhitzen und die Geflügelstreifen darin knusprig anbraten.

4| Die Petersilie waschen, trocknen und fein hacken.

5| Den Risotto mit gebratenen Hähnchenstreifen und Petersilie garniert servieren.

Kochtipps

Aufgetautes Hähnchenfleisch sollte sofort zubereitet werden und darf nicht wieder eingefroren werden. Das Auftauwasser immer sofort in den Abguss gießen.
Gebratenes Fleisch nicht auf demselben Brett mit demselben Messer schneiden wie das rohe Fleisch. Hierdurch können sich gegebenenfalls Bakterien übertragen. Hühnchenfleisch ist gar, wenn es weißlich gefärbt ist und sich gut vom Knochen ablösen lässt. Stechen Sie mit einer Nadel in das Fleisch und achten Sie darauf, dass der austretende Saft klar ist.

Olivenhähnchen mit Kräuterkartoffeln

schmeckt nach Urlaub, braucht etwas mehr Zeit

Zutaten für 2 Personen

Olivenhähnchen
2 Hähnchenkeulen
 (à ca. 130 g)
1 EL grüne Oliven
Salz
Pfeffer
1 EL Olivenöl
½ kg Tomaten
1 Zwiebel
5 frische Salbeiblätter
1 Knoblauchzehe
4 EL Tomatensaft
1 EL Tomatenmark
½ EL Honig

Kräuterkartoffeln
400 g kleine Kartoffeln
½ Bund gemischte
 italienische Kräuter,
 z. B. Basilikum, Thymian,
 Oregano
1 TL Olivenöl

Zubereitungszeit
35 Minuten

Garzeit
ca. 1 Stunde

Nährwert pro Portion
626 Kilokalorien/2617 Kilojoule
44 g Eiweiß
28 g Fett
47 g Kohlenhydrate
~ 4 BE

Zubereitung

1| Die Hähnchenkeulen waschen, mit einem Küchenkrepp trocknen und die Haut mit den Fingern leicht vom Fleisch lösen, sodass eine Tasche entsteht. Die grünen Oliven in Scheiben schneiden und unter die abgelöste Haut stecken. Die Keulen mit Salz und Pfeffer einreiben. Das Öl in einer beschichteten Pfanne erhitzen und die Keulen von allen Seiten goldbraun anbraten. Herausnehmen und auf Küchenkrepp abtropfen lassen.

2| Den Backofen auf 200 °C vorheizen.

3| Die Tomaten waschen, Stielansatz keilförmig herausschneiden und die Tomaten in Scheiben schneiden. Die Zwiebel schälen und in Ringe schneiden. Tomatenscheiben, Zwiebelringe und die gewaschenen Salbeiblätter in eine feuerfeste Form legen, salzen und die Hähnchenkeulen darauf verteilen.

4| Die Form in den Backofen schieben und ca. 45 Minuten schmoren lassen.

5| Die Kartoffeln gründlich waschen und im Dampfdrucktopf ca. 10 Minuten garen. Die Kräuter waschen, trocknen, Blättchen abzupfen und fein hacken.

6| Die Knoblauchzehe schälen und zerdrücken, mit Tomatensaft, Tomatenmark, Honig und Knoblauch verrühren. Nach 25 Minuten Garzeit die Keulen und das Tomatenragout damit beträufeln. Falls die Keulen zu dunkel werden, gegen Ende der Garzeit mit Alufolie abdecken.

7| Das Öl in einer beschichteten Pfanne erhitzen und die gegarten Kartoffeln mit Schale darin knusprig anbraten. Gehackte Kräuter dazugeben und mit Salz und Pfeffer würzen. Mit den Olivenhähnchen servieren.

Geflügel-Saltimbocca mit Frühlingsnudeln

gelingt leicht

Zutaten für 2 Personen

Geflügel-Saltimbocca
2 Hähnchenbrustfilets (à ca. 120 g)
Pfeffer
2 Zweige Salbei
2 Scheiben geräucherter Schinken
1 EL Olivenöl

Frühlingsnudeln
120 g Vollkornteigwaren, z. B. Farfalle
100 g Cocktailtomaten
½ Bund Frühlingszwiebeln
½ Bund Basilikum
1 EL Pinienkerne
1 EL Olivenöl
Salz
Pfeffer
1 EL Tomatenmark

Zubereitungszeit
25 Minuten

Garzeit
ca. 20 Minuten

Nährwert pro Portion
557 Kilokalorien/2328 Kilojoule
44 g Eiweiß
24 g Fett
41 g Kohlenhydrate
~ 4 BE

Zubereitung

1| Die Hähnchenbrustfilets waschen, trocknen und mit Pfeffer würzen. Die Salbeiblätter waschen, abzupfen, trocknen und jeweils drei Blätter auf jedes Filet legen. Die Filets mit Schinken umwickeln und evtl. mit Zahnstochern feststecken.

2| Die Nudeln nach Packungsanweisung in reichlich kochendem Salzwasser *al dente* garen.

3| Tomaten, Frühlingszwiebeln und Basilikum waschen und putzen, die Tomaten in Viertel schneiden. Die Frühlingszwiebeln in Ringe und das Basilikum in feine Streifen schneiden.

4| Die Pinienkerne in einer beschichteten Pfanne ohne Fettzugabe anrösten, bis sie aromatisch zu duften beginnen. Herausnehmen und beiseite stellen.

5| Das Öl für das Fleisch in einer beschichteten Pfanne erhitzen und beide Filets darin rundherum bei mittlerer Hitze ca. 10 Minuten braten.

6| Das Öl für die Nudeln erhitzen und die Frühlingszwiebeln darin anbraten, mit Salz und Pfeffer würzen. Tomatenmark und Cocktailtomaten dazugeben und kurz erhitzen. Die gegarten Nudeln und die Basilikumstreifen hinzufügen und gut vermischen. Evtl. nochmals abschmecken und mit den Hähnchen-Saltimbocca servieren.

Zitronenputenschnitzel mit Rosmarinkartoffeln

geht schnell

Zutaten für 2 Personen

Rosmarinkartoffeln
400 g kleine Kartoffeln
1 TL Olivenöl
1 Zweig Rosmarin

Zitronenputenschnitzel
2 dünne Putenschnitzel
 (à ca. 100 g)
1 Knoblauchzehe
1 EL Olivenöl
1 Bio-Zitrone
1 Zweig Rosmarin
Salz
Pfeffer
1 EL geriebener Parmesan

Zubereitungszeit
20 Minuten

Garzeit
ca. 20 Minuten

Nährwert pro Portion
365 Kilokalorien/1526 Kilojoule
29 g Eiweiß
13 g Fett
30 g Kohlenhydrate
~ 3 BE

Zubereitung

1| Die Kartoffeln gründlich waschen, trocknen und im Dampfdrucktopf in ca. 10 Minuten garen.
2| Die Schnitzel leicht flach drücken und halbieren. Den Knoblauch schälen und vierteln. Das Öl in einer beschichteten Pfanne erhitzen, den Knoblauch hinzufügen, goldgelb anbraten und herausnehmen.
3| Die Schnitzel in die Pfanne geben und von jeder Seite 2 Minuten bei starker Hitze anbraten.
4| Den Grill vorheizen. Die Zitrone heiß waschen, halbieren und eine Hälfte in schmale Scheiben schneiden. Die andere Hälfte auspressen. Die Zitronenscheiben in eine feuerfeste Form geben.
5| Den Rosmarinzweig waschen, trocknen und in Stücke schneiden. Rosmarinstücke über den Zitronenscheiben verteilen, Schnitzel darauflegen und mit dem Zitronensaft beträufeln, salzen und pfeffern und mit Parmesan bestreuen.
6| Im Backofen ca. 4 Minuten grillen, bis der Käse geschmolzen und die Oberfläche goldgelb ist.
7| Den Rosmarinzweig für die Rosmarinkartoffeln waschen, trocknen und die Nadeln abzupfen. Das Öl in einer beschichteten Pfanne erhitzen und die Kartoffeln mit den Rosmarinnadeln darin knusprig anbraten. Mit Salz und Pfeffer würzen.

Hauptgerichte mit Fisch

Matjes mit grünen Bohnen und Petersilienkartoffeln

gutbürgerliche Küche, gelingt leicht

Zutaten für 2 Personen

Bohnengemüse
400 g tiefgekühlte grüne Bohnen
Salz
1 Zweig Bohnenkraut

Petersilienkartoffeln
300 g neue, kleine Kartoffeln
½ Bund Petersilie
1 TL Rapsöl
Pfeffer

Matjes
4 Matjesfilets (à ca. 50 g)
1 EL Naturjoghurt, 1,5 % Fett
1 EL Magerquark

Zubereitungszeit
25 Minuten

Garzeit
20 Minuten

Nährwert pro Portion
481 Kilokalorien/1747 Kilojoule
28 g Eiweiß
28 g Fett
30 g Kohlenhydrate
~ 2,5 BE

Zubereitung

1| Die Bohnen auftauen lassen und in etwas Wasser mit Salz und Bohnenkraut zum Kochen bringen. Nach Packungsaufschrift die Bohnen *al dente* garen.

2| Die Kartoffeln gründlich waschen und im Dampfdrucktopf ca. 10 Minuten garen. Die Kartoffeln etwas abkühlen lassen und schälen.

3| Die Petersilie waschen, trocknen und die Blättchen fein hacken. Das Öl in einer beschichteten Pfanne erhitzen und die Kartoffeln darin knusprig anbraten. Gehackte Petersilie zu den Kartoffeln geben und kurz in der Pfanne schwenken. Petersilienkartoffeln und Bohnengemüse mit Salz und Pfeffer würzen.

4| Die Matjesfilets in mundgerechte Stücke schneiden und auf zwei Tellern verteilen. Joghurt und Quark miteinander verrühren und mit etwas Salz und Pfeffer würzen. Die Joghurt-Quark-Masse auf beiden Tellern verteilen und mit Kartoffeln und Bohnen sofort servieren.

Schollen-Zucchini-Röllchen mit Dillkartoffeln

gelingt leicht

Zutaten für 2 Personen

Schollen-Zucchini-Röllchen
2 Schollenfilets ohne Haut
1 EL Zitronensaft
1 kleine Zucchini
1 kleine Zwiebel
1 kleine rote Paprikaschote
Salz
Pfeffer
1 EL Rapsöl
50 ml Gemüsebrühe (siehe unser Rezept auf Seite 107)
½ TL TK-Dill
2 EL fettreduzierter Kräuterfrischkäse

Dillkartoffeln
4 eigroße Kartoffeln
1 TL Rapsöl
1 TL TK-Dill

Küchenutensilien
Zahnstocher

Zubereitungszeit
30 Minuten

Marinierungszeit
10 Minuten

Garzeit
ca. 20 Minuten

Nährwert pro Portion
462 Kilokalorien/1747 Kilojoule
39 g Eiweiß
20 g Fett
30 g Kohlenhydrate
~ 2 BE

Zubereitung

1| Die Schollenfilets waschen, trocknen, der Länge nach in zwei Hälften teilen und mit dem Zitronensaft marinieren. 10 Minuten ziehen lassen.
2| Den Backofen auf 200 °C vorheizen.
3| Die Zucchini waschen, putzen und der Länge nach mit einem Sparschäler 4 Scheiben abschneiden, die restliche Zucchini in feine Würfel schneiden. Die Zwiebel schälen und ebenfalls in feine Würfel schneiden. Die Paprika waschen, putzen und in Würfel schneiden.
4| Den Fisch trocken tupfen, salzen und pfeffern und auf jedes Stück einen Zucchinistreifen legen. Einrollen und mit einem Zahnstocher fixieren.
5| Das Öl erhitzen, die Gemüsewürfel ca. 3 Minuten darin anbraten und mit der Brühe aufgießen. Dill dazugeben und aufkochen lassen. Den Frischkäse in der Soße schmelzen lassen.
6| Die Fischröllchen in eine feuerfeste Form geben, Soße dazugießen und im Backofen ca. 15 Minuten garen.
7| Die Kartoffeln waschen und im Dampfdrucktopf ca. 8 Minuten garen. Die Kartoffeln schälen und im erhitzten Öl rundherum knusprig anbacken, Dill dazugeben und mit Salz und Pfeffer würzen.

Victoriabarsch mit Gurkenragout und Kräuterreis

gelingt leicht

Zutaten für 2 Personen

Kräuterreis
60 g Naturreis
1 TL Gemüsebrühe
2 EL gemischte Kräuter, z. B. Petersilie, Dill, Schnittlauch

Gurkenragout
1 Zwiebel
1 kleine Salatgurke
Salz
1 EL Rapsöl
50 ml trockener Weißwein
50 ml Gemüsebrühe (siehe unser Rezept auf Seite 107)
2 EL Kondensmilch, 4 % Fett

Viktoriabarsch
2 Viktoriabarschfilets
1 TL Zitronensaft
Pfeffer
1 TL Dill

Zubereitungszeit
25 Minuten

Garzeit
45 Minuten

Nährwert pro Portion
363 Kilokalorien/1517 Kilojoule
33 g Eiweiß
11 g Fett
29 g Kohlenhydrate
~ 2 BE

Zubereitung

1| Den Reis in der doppelten Menge Wasser aufkochen lassen, Gemüsebrühe dazugeben und ca. 30–45 Minuten garen lassen. Bei Bedarf noch Wasser zugießen. Am Ende der Garzeit die vorbereiteten Kräuter über den Reis streuen.

2| Die Zwiebel schälen und in feine Würfel schneiden. Die Gurke schälen, längs halbieren und in Würfel schneiden. Leicht salzen.

3| Die Hälfte des Öls in einem kleine Topf erhitzen und Zwiebelwürfel darin bei mittlerer Hitze glasig dünsten. Gurkenwürfel dazugeben und 1 Minute mitdünsten. Wein, Brühe und Kondensmilch angießen und zugedeckt 3 Minuten köcheln lassen.

4| Den Fisch unter fließendem Wasser waschen, trocknen und mit Zitronensaft, Salz und Pfeffer würzen. Das restliche Öl in einer beschichteten Pfanne erhitzen. Die Fischfilets etwas mit Küchenkrepp trocken tupfen und im heißen Öl von jeder Seite 2–3 Minuten braten.

5| Die Gurken mit Salz, Pfeffer und mit Dill würzen.

6| Das Gurkenragout mit dem Fisch und dem Kräuterreis auf zwei Tellern anrichten und sofort servieren.

Spaghetti à la Méditerranée

geht schnell

Zutaten für 2 Personen

1 kleine rote Zwiebel
2 Knoblauchzehen
1 rote Chilischote
2 Zweige Petersilie
2 Zweige Oregano
200 g Hartweizen-Spaghetti
300 g Calamari
1 EL Olivenöl
125 ml trockener Weißwein
Salz
Pfeffer

Zubereitungszeit
20 Minuten

Garzeit
ca. 10 Minuten

Nährwert pro Portion
600 Kilokalorien/2508 Kilojoule
41 g Eiweiß
11 g Fett
76 g Kohlenhydrate
~ 7 BE

Zubereitung

1| Die Zwiebel und die Knoblauchzehen schälen und fein würfeln. Die Chilischote waschen, trocknen, entkernen und in feine Würfel schneiden. Die Kräuter waschen, trocknen und die Blättchen fein hacken.

2| Die Spaghetti nach Packungsanleitung *al dente* kochen. Abgießen und abtropfen lassen.

3| Calamari abbrausen, trocknen, die Tuben in 5 mm breite Ringe schneiden und die Tentakel halbieren.

4| Das Öl in einer beschichteten Pfanne erhitzen, Calamari hineingeben und bei starker Hitze darin kurz scharf anbraten. Zwiebel- und Knoblauchwürfel und Chili zufügen, weitere 2 Minuten mitbraten.

5| Calamari herausnehmen und beiseite stellen. Den Wein in Pfanne gießen und um die Hälfte einkochen lassen.

6| Spaghetti, Calamari und Kräuter in die Pfanne geben. Mit Salz und Pfeffer kräftig würzen und sofort servieren.

Kochtipp
Achten Sie beim Verarbeiten von Chilischoten darauf, nach dem Zerkleinern der Schoten gründlich Ihre Hände zu waschen.

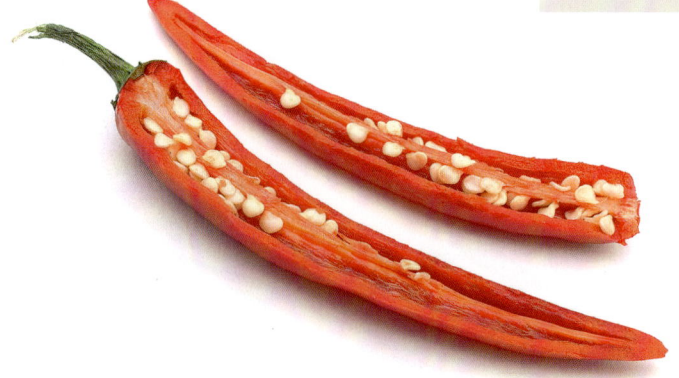

Thunfisch-Sesam-Steaks mit Spinatpasta

gelingt leicht

Zutaten für 2 Personen

Thunfisch-Sesam-Steaks
200 g Thunfischsteak
1 TL Zitronensaft
Salz
1 EL Sesamsaat
1 EL Rapsöl

Spinatpasta
100 g Hartweizen-grießnudeln, z. B. Farfalle
300 g tiefgekühlter Blattspinat
50 ml Gemüsebrühe (siehe unser Rezept auf Seite 107)
2 EL fettreduzierter Frischkäse
Salz
Pfeffer
Muskatnuss

Zubereitungszeit
15 Minuten

Marinierzeit
5 Minuten

Garzeit
ca. 15 Minuten

Nährwert pro Portion
640 Kilokalorien/2675 Kilojoule
40 g Eiweiß
36 g Fett
38 g Kohlenhydrate
3,5 BE

Zubereitung

1| Den Thunfisch waschen, trocknen, mit Zitronensaft säuern und salzen, ca. 5 Minuten marinieren.
2| Salzwasser in einem großen Topf zum Kochen bringen und die Pasta nach Packungsanweisung *al dente* garen.
3| Den Spinat antauen lassen und mit der Brühe in einem kleinen Topf zum Kochen bringen. Frischkäse und Gewürze dazugeben und gut vermengen.
4| Den Fisch abtropfen lassen und im Sesam wenden. Das Öl in einer beschichteten Pfanne erhitzen und Fisch von jeder Seite höchstens 2 Minuten anbraten, so bleibt er innen saftig.
5| Die abgetropften Nudeln gut mit dem Spinat vermengen, evtl. noch mal abschmecken und mit den in breite Streifen geschnittenen Thunfischsteaks servieren.

Vegetarische Hauptgerichte

Risotto Milanese

mediterran

Zutaten für 2 Personen

1 Zwiebel
1 Knoblauchzehe
1 EL Olivenöl
125 g Risottoreis
1 kleines Lorbeerblatt
100 ml Weißwein
150 ml Gemüsebrühe (siehe unser Rezept auf Seite 107)
Salz
Pfeffer
60 g Parmesan, 32 % Fett i. Tr.

Zubereitungszeit
15 Minuten

Garzeit
ca. 20 Minuten

Nährwert pro Portion
487 Kilokalorien/2036 Kilojoule
16 g Eiweiß
19 g Fett
53 g Kohlenhydrate
~ 6 BE

Zubereitung

1| Die Zwiebel und die Knoblauchzehe schälen und in feine Würfel schneiden. Das Öl in einem Topf erhitzen und Zwiebel- und Knoblauchwürfel darin glasig dünsten. Reis und Lorbeerblatt zugeben und kurz mitdünsten. Wein dazugießen und unter Rühren verkochen lassen.

2| Die Brühe erhitzen und unter ständigem Rühren nach und nach zum Reis geben. Den Reis in ca. 20 Minuten garen. Zuletzt mit Salz und Pfeffer würzen. Den Parmesan reiben und über das Risotto streuen.

Grüner Spargel mit Zitronenpasta

gelingt leicht

Zutaten für 2 Personen

1 kleine Bio-Zitrone
½ kg grüner Spargel
Salz
1 Prise Zucker
1 kleine Zwiebel
1 Knoblauchzehe
120 g Hartweizenspaghetti
1 EL Olivenöl
4 geh. EL fettreduzierter Frischkäse
Pfeffer
1 Zweig Basilikum
30 g Parmesan, 32 % Fett i. Tr.

Zubereitungszeit
40 Minuten

Garzeit
ca. 20 Minuten

Nährwert pro Portion
573 Kilokalorien/2395 Kilojoule
26 g Eiweiß
29 g Fett
51 g Kohlenhydrate
4 BE

Zubereitung

1| Die Zitrone heiß waschen, trocknen und etwas Schale in feinen Streifen abschälen. Die Zitrone auspressen. Den Spargel waschen, das untere Drittel schälen und holzige Enden abschneiden. Den Spargel in ca. 5 cm lange Stücke schneiden.

2| Salzwasser mit 2 EL Zitronensaft und 1 Prise Zucker in einem Topf aufkochen lassen. Den Spargel darin zugedeckt bei mittlerer Hitze 5–8 Minuten garen lassen.

3| Die Zwiebel und den Knoblauch schälen und in feine Würfel schneiden. Salzwasser für die Spaghetti in einem großen Topf aufsetzen. Spaghetti nach Packungsanleitung im kochenden Salzwasser *al dente* garen.

4| In einem kleinen Topf Öl erhitzen und die Zwiebel- und Knoblauchwürfel darin anschwitzen. Den Frischkäse einrühren und mit Zitronenschale, restlichem Saft, Salz und Pfeffer würzen. Die Soße auf niedrigster Stufe leise kochen lassen.

5| Die Spargelstücke aus Sud herausnehmen, den Spargelsud beiseite stellen.

6| 2,5 EL Spargelsud unter die Frischkäsemasse rühren. Das Basilikum waschen, trocknen und in feine Streifen schneiden. Den Spargel mit den Basilikumstreifen unter die Soße mischen.

7| Die Spaghetti abgießen und abtropfen lassen. Die Soße über die Spaghetti gießen und mit frisch gehobeltem Parmesan servieren.

Kartoffeln nach Jäger Art

preisgünstig

Zutaten für 2 Personen

½ kg kleine Kartoffeln
4 Schalotten
10 Champignons
1 EL Rapsöl
Salz
Pfeffer
½ Bund Petersilie

Zubereitungszeit
15 Minuten

Garzeit
ca. 15 Minuten

Nährwert pro Portion
262 Kilokalorien/1095 Kilojoule
7 g Eiweiß
8 g Fett
38 g Kohlenhydrate
~ 4 BE

Zubereitung

1| Die Kartoffeln waschen und schälen. Im Dampfdrucktopf in 10 Minuten garen. Die Schalotten schälen und in kleine Würfel schneiden. Die Pilze putzen, halbieren und vierteln.
2| Das Öl in einem Topf erhitzen und die Schalottenwürfel andünsten, Pilze dazugeben und kurz mitgaren. Die gegarten Kartoffeln kurz abkühlen lassen und zu der Pilzmasse geben, mit Salz und Pfeffer würzen.
3| Die Petersilie waschen, trocknen und fein hacken. Über die Kartoffeln streuen und servieren.

Variation
Es eignen sich auch andere Pilzsorten für diese schmackhafte Beilage. Probieren Sie dieses Rezept einmal mit Pfifferlingen, Steinpilzen oder Austernpilzen.

Penne mit gegrilltem Gemüse

etwas aufwendiger

Zutaten für 2 Personen

1 kleine Zucchini
½ kleine Aubergine
1 kleine Artischocke
¼ Zitrone
1 kleine Tomate
Salz
Pfeffer
1 kleine rote Paprikaschote
2 EL Olivenöl
2 Zweige Thymian
1 blaue Zwiebel
2 Knoblauchzehen
120 g Penne
½ Bund Basilikum
60 g Schafskäse,
    45 % Fett i. Tr.

Zubereitungszeit
30 Minuten

Garzeit
ca. 40 Minuten

Nährwert pro Portion
482 Kilokalorien/2015 Kilojoule
17 g Eiweiß
22 g Fett
53 g Kohlenhydrate
~ 4 BE

Zubereitung

1| Die Zucchini und die Aubergine waschen, putzen und längs in 1 cm breite Streifen schneiden. Mit Salz bestreuen und die austretende Flüssigkeit abtropfen lassen.

2| Die Artischocke vierteln, Heu herausschneiden. Die Zitrone auspressen und mit etwas Wasser vermischen. Die Artischockenviertel in das Zitronenwasser legen. Die Tomate waschen, halbieren und den Strunk entfernen. Die Tomatenhälften mit Salz und Pfeffer bestreuen. Die Paprikaschote waschen, halbieren, die Kerne entfernen und die Paprikahälften in schmale Streifen schneiden.

3| Alle vorbereiteten Gemüsezutaten in eine Schüssel geben und mit Olivenöl und gewaschenen Thymianzweigen marinieren.

4| Zwiebel und Knoblauchzehen schälen, die Zwiebel achteln und den Knoblauch halbieren.

5| Den Holzkohlegrill vorbereiten und zuerst Auberginen, Artischocken und Paprikastreifen in Aluschalen grillen. Nach 10 Minuten Zucchini, Zwiebel und Knoblauch und nach weiteren 5 Minuten die Tomaten auflegen. Etwa 15–25 Minuten grillen und ab und zu wenden.

6| Die Nudeln in reichlich Salzwasser nach Packungsanweisung *al dente* garen. Das Basilikum waschen, trocknen und in schmale Streifen schneiden. Den Käse grob zerkleinern.

7| Die Nudeln abgießen und in einer Schüssel mit dem gegrillten Gemüse, Basilikum und Käse vermengen.

Fenchel-Tomaten-Ragout mit „grünem" Reis

mediterran, braucht etwas mehr Zeit

Zutaten für 2 Personen

„Grüner" Reis
- ½ kleine Zwiebel
- 100 g Blattspinat
- 1 TL Olivenöl
- 100 g Naturreis
- 100 ml Gemüsebrühe (siehe unser Rezept auf Seite 107)
- Salz
- Pfeffer

Fenchel-Tomaten-Ragout
- ½ kleine Zwiebel
- 1 kleine Knoblauchzehe
- 400 g Fenchel
- 2 Tomaten
- 1 EL Olivenöl
- 1 EL Tomatenmark
- 125 ml Gemüsebrühe (siehe unser Rezept auf Seite 107)
- Zucker

Zubereitungszeit
35 Minuten

Garzeit
ca. 50 Minuten

Nährwert pro Portion
369 Kilokalorien/1542 Kilojoule
13 g Eiweiß
12 g Fett
50 g Kohlenhydrate
4 BE

Zubereitung

1| Die Zwiebel schälen und in feine Würfel schneiden. Den Spinat waschen, verlesen und abtropfen lassen. Das Öl erhitzen und die Zwiebelwürfel darin glasig dünsten, den Reis zugeben und kurz mitdünsten. Die Brühe angießen und ca. 30–45 Minuten garen.

2| Den Spinat in schmale Streifen schneiden und 5 Minuten vor Ende der Garzeit zum Reis geben. Vor dem Servieren mit Salz und Pfeffer abschmecken.

3| Die Zwiebel und die Knoblauchzehe schälen und in feine Würfel schneiden. Fenchel und Tomaten waschen und in mundgerechte Stücke schneiden, das Fenchelgrün beiseite legen.

4| Das Öl erhitzen und die Zwiebel- und Knoblauchwürfel darin glasig dünsten. Fenchel und Tomatenmark dazugeben und mitdünsten. Die Tomatenstücke untermischen, mit Brühe aufgießen und mit Salz, Pfeffer und 1 Prise Zucker würzen. Das Ragout ca. 5–8 Minuten köcheln lassen, der Fenchel sollte bissfest sein.

5| Das Fenchelgrün waschen, trocknen, fein schneiden und über das Ragout streuen.

Variation

Anstelle des Spinats eignen sich auch viele andere Gemüsesorten, um den Reis abzuwandeln. Experimentieren Sie einfach mal mit Erbsen, Mais, Karotten-, Zucchini- oder Auberginenwürfel. Und finden Sie so Ihren persönlichen Lieblingsreis.

Abendessen

Ciabatta „Italia"

gelingt leicht

Zutaten für 2 Personen

1 kleine Ciabatta
1 TL Olivenöl
4 Tomaten
4 dünne Scheiben Parmaschinken
½ Kugel Mozzarella, 45 % Fett i. Tr.
2 Zweige Basilikum
1 Bund Rucola
Salz
Pfeffer

Zubereitungszeit
20 Minuten

Garzeit
ca. 15 Minuten

Nährwert pro Portion
516 Kilokalorien/2157 Kilojoule
28 g Eiweiß
20 g Fett
53 g Kohlenhydrate
~ 5 BE

Zubereitung

1| Den Backofen auf 200 °C vorheizen.
2| Die Ciabatta der Länge nach aufschneiden, halbieren und auf ein Backblech legen. Die Brothälften mit Olivenöl beträufeln.
3| Die Tomaten waschen, halbieren und den Strunk entfernen. Die Tomatenhälften in Scheiben schneiden, die Tomatenscheiben auf den Broten verteilen und mit Parmaschinken belegen.
4| Den Mozzarella in Scheiben schneiden, das Basilikum waschen und in schmale Streifen schneiden. Den Rucola waschen, verlesen, trocknen und in mundgerechte Stücke schneiden.
5| Die belegten Brothälften mit Basilikumstreifen bestreuen, mit Salz und Pfeffer würzen und mit Mozzarellascheiben belegen.
6| Das Blech in den Ofen schieben und die Ciabatta ca. 10–15 Minuten überbacken, bis der Käse geschmolzen ist.
7| Vor dem Servieren mit vorbereitetem Rucola belegen.

Zucchiniciabatta

gelingt leicht

Zutaten für 2 Personen

1 kleine Ciabatta
1 Zucchini
½ Bund Basilikum
½ Bund Thymian
1 EL Olivenöl
Salz
Pfeffer
1 Knoblauchzehe
2 EL fettreduzierter Kräuterfrischkäse
4 Blätter Blattsalat

Küchenutensilien
Backpapier

Zubereitungszeit
20 Minuten

Garzeit
ca. 6 Minuten

Nährwert pro Portion
305 Kilokalorien/1275 Kilojoule
10 g Eiweiß
14 g Fett
34 g Kohlenhydrate
~ 3 BE

Zubereitung

1| Den Backofen auf Grillfunktion einstellen.
2| Die Zucchini waschen, putzen und der Länge nach in dünne Scheiben schneiden. Die Kräuter waschen, trocknen und die Blättchen fein hacken. In einer Schüssel mit Öl, Salz und Pfeffer verrühren und die Zucchinischeiben damit bestreichen.
3| Das Backblech mit Backpapier belegen, die Zucchinischeiben darauf verteilen und im Ofen ca. 3 Minuten von jeder Seite grillen.
4| Den Knoblauch schälen und in feine Würfel schneiden. Die Knoblauchwürfel unter den Frischkäse rühren und mit Salz und Pfeffer würzen.
5| Die Salatblätter waschen, evtl. putzen und trocknen.
6| Die Ciabatta halbieren und mit Salatblättern belegen, Zucchinischeiben darauf legen und die Frischkäsemasse darauf verteilen.

Tipp
Wer seinen Blutzucker langsamer steigern möchte, sollte ein Vollkornbaguette anstelle des Ciabattabrotes nehmen.

Roastbeef-Toast

gelingt leicht

Zutaten für 2 Personen

4 Scheiben Vollkornbrot
1 EL saure Sahne
2 EL fettreduzierter Frischkäse
1 TL Senf
2 große Tomaten
4 dünne Scheiben Roastbeef
60 g Camembert, 30 % Fett

Küchenutensilien
Backpapier

Zubereitungszeit
15 Minuten

Garzeit
ca. 10 Minuten

Nährwert pro Portion
389 Kilokalorien/1626 Kilojoule
29 g Eiweiß
12 g Fett
40 g Kohlenhydrate
~ 4 BE

Zubereitung

1| Den Backofen auf 200 °C vorheizen.
2| Die Brotscheiben toasten. Die Sahne mit Frischkäse und Senf zu einer cremigen Masse verrühren.
3| Die Tomaten waschen, halbieren und den Strunk entfernen, die Tomatenhälften in schmale Scheiben schneiden.
4| Die getoasteten Brotscheiben mit der Frischkäsemasse bestreichen, die Tomatenscheiben darauf verteilen und jeweils eine Roastbeefscheibe auf jedes Brot legen.
5| Den Camembert in dünne Scheiben schneiden und die Brote damit belegen.
6| Ein Backblech mit Backpapier belegen. Die Brotscheiben auf das Blech legen und im Backofen ca. 10 Minuten überbacken, bis der Käse geschmolzen ist.

Tipp

Um Kilokalorien und Fett zu sparen, können Sie den Toast auch ohne Camembert zubereiten. Das Überbacken entfällt bei dieser Zubereitungsart. So sparen Sie 110 kcal/ 460 kJ und 10 g Fett.

Fitnessburger

gelingt leicht

Zutaten für 2 Personen

1 kleine Zwiebel
1 kleine Knoblauchzehe
2 EL Rapsöl
100 g Grünkernschrot
120 ml Gemüsebrühe (siehe unser Rezept auf Seite 107)
1 kleines Ei
4 EL Parmesan
2 TL Mehl, Typ 405
1 TL Majoran
Salz
Pfeffer
2 Vollkornbrötchen
2 TL Tomatenmark
2 Blätter Eisbergsalat
2 Tomatenscheiben
4 Gurkenscheiben
2 TL mittelscharfer Senf
2 TL Sprossen

Zubereitungszeit
30 Minuten

Quellzeit
20 Minuten

Nährwert pro Portion
556 Kilokalorien/2324 Kilojoule
20 g Eiweiß
26 g Fett
61 g Kohlenhydrate
~ 6 BE

Zubereitung

1| Die Zwiebel und den Knoblauch schälen, fein hacken und in 1 TL Öl andünsten. Den Grünkernschrot dazugeben, kurz mitbraten und mit der Gemüsebrühe ablöschen. Vom Herd nehmen und bei geschlossenem Deckel etwa 20 Minuten quellen lassen.

2| Den Getreidebrei in eine Schüssel geben und auskühlen lassen. Ei, Käse, Mehl und Gewürze untermengen und mit angefeuchteten Händen zwei Bratlinge formen. Das restliche Öl erhitzen und die Bratlinge darin herausbacken.

3| Die Brötchen aufschneiden, jeweils eine Hälfte mit Tomatenmark bestreichen, Salatblätter, Tomaten- und Gurkenscheiben darauf legen. Die Bratlinge mit Senf bestreichen und auf jede Brötchenhälfte einen Bratling legen. Die Sprossen darüberstreuen und die zweiten Brötchenhälften auflegen. Sofort servieren.

Knoblauch-Parmesan-Baguette

geht schnell

Zutaten für 2 Personen

¼ Baguette
1 EL Olivenöl
1 Knoblauchzehe
1 EL geriebener Parmesan

Zubereitungszeit
5 Minuten

Backzeit
ca. 15 Minuten

Nährwert pro Portion
246 Kilokalorien/1028 Kilojoule
6 g Eiweiß
11 g Fett
31 g Kohlenhydrate
~ 3 BE

Zubereitung

1| Den Backofen auf 180 °C vorheizen.
2| Das Baguette längs halbieren und mit Olivenöl beträufeln. Im Backofen 5 Minuten vorgaren.
3| Die Knoblauchzehe schälen und fein hacken. Die Knoblauchwürfel und den Parmesan über den Baguettehälften verteilen. Das Knoblauch-Parmesan-Baguette im Ofen 10 Minuten gratinieren.

Tipp
Wer eine langsamere Steigerung des Blutzuckers erreichen möchte, sollte ein Vollkornbaguette verwenden.
Genießen Sie das Baguette zu einem unserer leckeren Salate (siehe unsere Rezepte ab Seite 72) als Abendmahlzeit.

Puten-Käse-Sandwich

gelingt leicht

Zutaten für 2 Personen

4 Scheiben Vollkorntoast
1 TL Tomatenmark
2 Scheiben Putenbrust
2 Scheiben Edamer,
  30 % Fett i. Tr.
1 Tomate
1 Gewürzgurke
2 Blätter Eisbergsalat

Zubereitungszeit
15 Minuten

Nährwert pro Portion
269 Kilokalorien/1124 Kilojoule
20 g Eiweiß
7 g Fett
29 g Kohlenhydrate
~ 3 BE

Zubereitung

1| Die Toastscheiben im Toaster goldgelb toasten und kurz abkühlen lassen. 2 Scheiben mit Tomatenmark bestreichen. Jeweils eine Scheibe Putenbrust und eine Scheibe Käse auf die Toastscheiben legen.

2| Die Tomate waschen, halbieren und den Strunk entfernen. Die Tomatenhälften in Scheiben schneiden. Die Gurke waschen und in Scheiben schneiden. Die Gemüsescheiben auf den Toasts verteilen und die restlichen Toastscheiben darauflegen.

Variation

Wer eine süße Variante mag, kann auch eine Scheibe frische Ananas auf den Toast legen. Dafür streichen Sie die Tomate und die Gurke aus der Zutatenliste. Statt Tomatenmark verwenden Sie stattdessen eine Diät-Halbfettmargarine.

Lachsröllchen

für Gäste

Zutaten für 2 Personen

½ hartgekochtes Ei
½ TL Senf
½ TL Meerrettich
½ TL Dill
½ EL fettreduzierter Frischkäse
2 EL Gurkenraspel
Salz
Pfeffer
4 Scheiben Räucherlachs
2 Zweige Dill

Zubereitungszeit
10 Minuten

Nährwert pro Portion
98 Kilokalorien/410 Kilojoule
10 g Eiweiß
6 g Fett
1 g Kohlenhydrate
0 BE

Zubereitung

1| Das hartgekochte Ei in kleine Würfel schneiden und mit Senf, Meerrettich, Dill und Frischkäse zu einer homogenen Masse vermengen. Die Gurkenraspel ausdrücken und untermengen, dann mit Salz und Pfeffer würzen.
2| Die Masse auf die Lachsscheiben streichen und diese vorsichtig zu Röllchen formen.
3| Den Dill waschen, trocknen und von den Stielen zupfen. Die Lachsröllchen mit Dill garnieren.

Tipp
Servieren Sie die Lachsröllchen mit herzhaftem Roggenvollkornbrot.
Lachsröllchen u. ä. sind eine gute Möglichkeit, den Fischkonsum zu erhöhen. Probieren Sie auch einmal geräucherten Heilbutt anstelle des Räucherlachs.

Schafskäseaufstrich

gelingt leicht

Zutaten für 2 Personen

1 Knoblauchzehe
frische Kräuter, z. B.
 Basilikum, Oregano,
 Thymian
60 g Schafskäse,
 45 % Fett i. Tr.
1 TL Olivenöl
Pfeffer

Zubereitungszeit
10 Minuten

Nährwert pro Portion
100 Kilokalorien/418 Kilojoule
5 g Eiweiß
9 g Fett
1 g Kohlenhydrate
0 BE

Zubereitung

1| Den Knoblauch schälen und fein hacken. Die Kräuter waschen, trocknen, die Blättchen von den Stängeln zupfen und in feine Streifen schneiden.

2| Den Schafskäse mit einer Gabel zerdrücken, Knoblauch, Kräuter, Öl und Pfeffer zugeben und zu einer streichfähigen Masse verarbeiten.

Tipp
Verwenden Sie für den Aufstrich echten griechischen Feta aus Schafsmilch. Deutscher Feta wird aus Kuhmilch hergestellt und ist zu fest, er lässt sich nicht gut zu einer streichfähigen Masse verarbeiten.
Zum Würzen des Aufstriches wird kein zusätzliches Salz benötigt, da Schafskäse in einer Salzlake eingelegt ist und reichlich Salz enthält.

Lachsbrot mit Rucola

geht schnell

Zutaten für 2 Personen

2 geh. EL fettreduzierter Frischkäse
1 EL Naturjoghurt, 1,5 % Fett
1 TL Zitronensaft
1 Handvoll Rucola
6 Radieschen
4 Scheiben Vollkornbrot
60 g Räucherlachs

Zubereitungszeit
15 Minuten

Nährwert pro Portion
373 Kilokalorien/1559 Kilojoule
20 g Eiweiß
11 g Fett
48 g Kohlenhydrate
~ 5 BE

Zubereitung

1| Den Frischkäse mit dem Joghurt glatt rühren, den Zitronensaft unterrühren.
2| Den Rucola waschen, verlesen und die Hälfte fein schneiden. Unter die Frischkäsemasse mengen.
3| Die Radieschen waschen, putzen und in schmale Streifen schneiden.
4| Die Brotscheiben toasten, etwas abkühlen lassen und mit der Frischkäsemasse bestreichen.
5| Den restlichen Rucola, die Radieschenstreifen und die Lachsscheiben auf den Broten verteilen und sofort servieren.

Schlemmertoast „Sylt"

geht schnell

Zutaten für 2 Personen

4 Scheiben Vollkorntoast
8 EL Krabben aus dem Glas
2 Scheiben Räucherlachs
60 g Mozzarella,
   45 % Fett i. Tr.
2 TL Meerrettich
2 EL Schmand, 24 % Fett
½ TL Pfeffer
2 Zweige Dill

Zubereitungszeit
15 Minuten

Garzeit
15 Minuten

Nährwert pro Portion
307 Kilokalorien/1283 Kilojoule
18 g Eiweiß
13 g Fett
29 g Kohlenhydrate
~ 3 BE

Zubereitung

1| Den Backofen auf 200 °C vorheizen.
2| Die Toastscheiben auf ein Backblech legen. Die Krabben abtropfen lassen, den Lachs in schmale Streifen schneiden. Den Mozzarella abtropfen lassen und in Würfel schneiden.
3| Den Meerrettich mit dem Schmand glatt rühren und mit Pfeffer abschmecken. Den Dill waschen und fein hacken.
4| Alle Zutaten miteinander vermengen und auf die Toastscheiben streichen. Die Toastscheiben 10–15 Minuten im Backofen überbacken.

Räucherforellenaufstrich

geht schnell

Zutaten für 2 Personen

120 g geräuchertes Forellenfilet
1 EL Dill
1 EL Schnittlauchröllchen
1 geh. EL Meerrettich aus dem Glas
2 geh. EL fettreduzierter Frischkäse
1 EL Dijonsenf
Salz
Pfeffer
1 TL Zitronensaft

Zubereitungszeit
10 Minuten

Nährwert pro Portion
177 Kilokalorien/740 Kilojoule
18 g Eiweiß
10 g Fett
4 g Kohlenhydrate
0 BE

Zubereitung

1| Das Forellenfilet von den Gräten befreien und in kleine Stücke zerteilen.
2| Die Kräuter mit den Fischstückchen in eine Schüssel geben. Meerrettich, Frischkäse und Senf dazugeben und vorsichtig mit dem Fisch vermischen.
3| Die Masse mit Salz, Pfeffer und Zitronensaft würzen.

Tipp
Der Aufstrich ist ausreichend für 4 Scheiben Brot.

Matjessalat

preisgünstig

Zutaten für 2 Personen

3 Matjesfilets
1 säuerlicher Apfel,
   z. B. Cox Orange oder
   Boskop
½ Limette
½ Salatgurke
1 kleine Zwiebel
100 ml Buttermilch
Salz
Pfeffer
½ Prise Zucker
1 EL Essig
2 Essiggurken
1 TL Senf
½ kleiner Bund Dill

Zubereitungszeit
20 Minuten

Kühlzeit
30 Minuten

Nährwert pro Portion
285 Kilokalorien/1218 Kilojoule
16 g Eiweiß
19 g Fett
12 g Kohlenhydrate
~ 1 BE

Zubereitung

1| Die Matjesfilets in ca. 2 cm große Stücke schneiden. Den Apfel waschen, halbieren, entkernen und in dünne Scheiben schneiden. Die Limette auspressen und den Limettensaft über die Apfelscheiben träufeln.
2| Die Gurke waschen, längs halbieren und in schmale Scheiben schneiden. Die Zwiebel schälen und ebenfalls in feine Ringe schneiden.
3| Aus Buttermilch, Salz, Pfeffer, Zucker und Essig ein Dressing herstellen. Die Essiggurken in kleine Würfel schneiden und zusammen mit dem Senf zum Dressing geben. Das Dressing gut verrühren.
4| Den Dill waschen, trocknen und den Stiel entfernen.
5| Matjesstücke, Apfel-, Gurken- und Zwiebelscheiben in einer Schüssel vermengen. Das Dressing unter die Zutaten mischen und 30 Minuten im Kühlschrank durchziehen lassen.
6| Den Matjessalat mit Dill garnieren.

Käse-Birnen-Brot

geht schnell

Zutaten für 2 Personen

2 Scheiben Roggenvollkornbrot
2 TL Diätmargarine
2 Scheiben Schnittkäse, 30 % Fett i. Tr.
2 mittlere Birnen
3–4 Blättchen Zitronenmelisse

Zubereitungszeit
10 Minuten

Nährwert pro Portion
340 g Kilokalorien/1421 Kilojoule
13 g Eiweiß
15 g Fett
44 g Kohlenhydrate
3,5 BE

Zubereitung

1| Die Brotscheiben mit der Diätmargarine bestreichen und dem Schnittkäse belegen.
2| Die Birnen waschen, vierteln, entkernen und längs in Spalten schneiden. Die Käsebrote damit belegen und mit den gewaschenen Zitronenmelisseblättchen garnieren.

Tipp
Essen Sie vorwiegend Vollkornbrot und verzichten Sie auf Weißbrot, Graubrot oder Mischbrot. Vollkornbrot steigert den Blutzuckerspiegel langsamer als andere Brotsorten und sättigt besser und länger als diese.

Abendessen 185

Gefüllte Avocado

geht schnell

Zutaten für 2 Personen

4 EL Naturjoghurt, 1,5 % Fett
2 TL saure Sahne, 10 % Fett
2 TL Tomatenmark
Salz
Pfeffer
4 EL Krabben aus dem Glas
2 kleine reife Avocados
1 EL Zitronensaft

Zubereitungszeit
10 Minuten

Nährwert pro Portion
257 Kilokalorien/1074 Kilojoule
7 g Eiweiß
25 g Fett
2 g Kohlenhydrate
0 BE

Zubereitung

1| Den Joghurt mit Sahne und Tomatenmark glatt rühren und mit Salz und Pfeffer würzen.
2| Die Krabben abtropfen lassen und unter die Joghurtmasse mischen.
3| Die Avocados halbieren, die Kerne entfernen und die Avocadohälften sofort mit Zitronensaft beträufeln.
4| Die Krabben-Joghurt-Masse in die Avocadohälften füllen und sofort servieren.

Kochtipp

Zitronensaft verhindert das Braunwerden der Avocado. Ebenso geeignet, das Oxidieren zu verhindern, sind auch andere Zitrusfrüchte wie z. B. Limetten, Grapefruits oder Orangen.

Kartoffel-Käse-Pflanzerl

gelingt leicht

Zutaten für 2 Personen

600 g mehlig kochende Kartoffeln
1 Zweig Thymian
1 Ei
1 geh. EL Speisestärke
Salz
Pfeffer
60 g Schafskäse, 45 % Fett i. Tr.
2 EL Olivenöl

Zubereitungszeit
30 Minuten

Garzeit
20 Minuten

Nährwert pro Portion
577 Kilokalorien/2414 Kilojoule
19 g Eiweiß
28 g Fett
61 g Kohlenhydrate
4 BE

Zubereitung

1| Die Kartoffeln waschen und im Dampfdrucktopf 10 Minuten garen. Die gekochten Kartoffeln schälen und durch die Kartoffelpresse drücken. Den Thymian waschen, Blättchen abzupfen und zusammen mit dem Ei und der Stärke unterkneten. Die Kartoffelmasse mit Salz und Pfeffer würzen. Den Schafskäse in 6 Stücke zerteilen.

2| Das Öl bei mittlerer Hitze in einer beschichteten Pfanne erhitzen.

3| Mit nassen Händen aus der Masse 6 Pflanzerl formen, dabei die Käsestücke mit der Kartoffelmasse umhüllen. Sofort in die Pfanne setzen und pro Seite ca. 5 Minuten goldbraun backen.

Variation
Wer keinen Schafskäse mag, kann auch Camembert oder würzigen Bergkäse verwenden.

Tipp
Genießen Sie zu diesen knusprigen Pflanzerl einen fruchtigen Tomatensalat mit einem leckeren Olivenöl-Balsamico-Dressing und frischen Basilikumblättchen.

Gefüllte Mozzarellakugel

etwas teurer

Zutaten für 2 Personen

1 Kugel Büffelmozzarella
2 Zweige frisches Basilikum
4 in Öl eingelegte, getrocknete Tomaten
1 EL Olivenöl
1 EL Balsamicoessig
Salz
Pfeffer

Küchenutensilien
Frischhaltefolie

Zubereitungszeit
10 Minuten

Kühlzeit
30 Minuten

Nährwert pro Portion
268 Kilokalorien/1120 Kilojoule
14 g Eiweiß
21 g Fett
5 g Kohlenhydrate
0 BE

Zubereitung

1| Die Mozzarellakugel mit einem Teelöffel aushöhlen, sodass ringsherum ein etwa 1 cm dicker Rand stehen bleibt.
Das Innere des Mozzarellas, das Basilikum und die Tomaten fein hacken und die Mozzarellakugel damit befüllen.
Die gefüllte Käsekugel fest in Frischhaltefolie einwickeln und ca. 30 Minuten in den Kühlschrank legen.

2| Aus Öl, Essig, Salz und Pfeffer ein Dressing herstellen. Mozzarellakugel vorsichtig in Scheiben schneiden. Die Mozzarellascheiben mit dem Dressing beträufeln und sofort servieren.

Flammkuchen

preiswert

Zutaten für 2 Personen

¼ Würfel Hefe
¼ TL Zucker
150 g Weizenmehl, Typ 405
Salz
1½ EL Rapsöl
1 große Zwiebel
75 g geräucherter Schinken
1 leicht geh. EL saure Sahne
1 EL Schmand
Pfeffer

Küchenutensilien
Backpapier

Zubereitungszeit
ca. 25 Minuten

Ruhezeit
ca. 1 Stunde

Backzeit
ca. 10 Minuten

Nährwert pro Portion
560 Kilokalorien/2341 Kilojoule
24 g Eiweiß
25 g Fett
60 g Kohlenhydrate
~ 5 BE

Zubereitung

1| Die Hefe mit dem Zucker verrühren, bis die Hefe flüssig ist. Mehl, ½ TL Salz, Öl und 75 ml lauwarmes Wasser mit der Hefe in eine Schüssel geben. Mit den Knethaken des Handrührgerätes zu einem glatten Teig verarbeiten. Diesen zugedeckt an einem warmen Ort ca. 45 Minuten gehen lassen.

2| Die Zwiebeln schälen, halbieren und in dünne Scheiben schneiden. Den Schinken in schmale Streifen schneiden. Sahne und Schmand verrühren und mit Salz und Pfeffer kräftig abschmecken.

3| Ein Backblech mit Backpapier belegen, den Hefeteig nochmals gut durchkneten und ca. 25 x 35 cm 2–3 mm dünn ausrollen. Auf das Blech legen und nochmals 20 Minuten gehen lassen.

4| Den Backofen auf 250 °C vorheizen.

5| Die Schmandcreme auf den Teigfladen streichen und mit Zwiebelscheiben und Schinkenstreifen belegen.

6| Den Flammkuchen im Ofen ca. 8–10 Minuten backen.

Käse-Salbei-Kartoffeln

preiswert

Zutaten für 2 Personen

3–4 Zweige Salbei
6 mittelgroße Kartoffeln
Salz
Pfeffer
1 Scheibe Raclettekäse,
   45 % Fett i. Tr.
1 Scheibe Bergkäse,
   45 % Fett i. Tr.
2 geh. EL fettreduzierter
   Frischkäse
1 EL Semmelbrösel

Küchenutensilien
Backpapier

Zubereitungszeit
25 Minuten

Garzeit
45 Minuten

Nährwert pro Portion
406 Kilokalorien/1697 Kilojoule
19 g Eiweiß
17 g Fett
44 g Kohlenhydrate
~ 4 BE

Zubereitung

1| Den Salbei waschen, trocknen und die Blättchen abzupfen. Die Kartoffeln waschen, schälen, halbieren und mehrmals bis zur Hälfte einschneiden.
2| Den Backofen auf 175 °C vorheizen.
3| Mithilfe eines Küchenmessers in jede Kartoffelhälfte in die Einschnitte die Salbeiblättchen stecken.
4| Ein Backblech mit Backpapier auslegen und die Kartoffeln darauf verteilen. Die Kartoffeln mit Salz und Pfeffer würzen und im Ofen ca. 30–40 Minuten backen, bis sie gar sind.
5| Beide Käsescheiben in schmale Streifen schneiden und mit Frischkäse und Semmelbrösel vermischen. Ca. 20 Minuten vor Backzeitende die Käsemasse auf den Kartoffeln verteilen und goldbraun überbacken.

Desserts und Gebäck

Apfelmus „Exotik"

gelingt leicht

Zutaten für 2 Personen

2 Äpfel
100 ml Bananensaft
100 ml Apfelsaft
1 EL Zitronensaft

Zubereitungszeit
10 Minuten

Garzeit
10 Minuten

Nährwert pro Portion
152 Kilokalorien/635 Kilojoule
1 g Eiweiß
1 g Fett
33 g Kohlenhydrate
3 BE

Zubereitung

1| Die Äpfel waschen, halbieren, entkernen und die Apfelhälften in grobe Stücke schneiden. Die Apfelstücke mit den restlichen Zutaten in einen kleinen Topf geben und ca. 10 Minuten köcheln lassen.
2| Am Ende der Garzeit mit einem Pürierstab fein mixen.

Erdbeer-Milchreis

gut vorzubereiten

Zutaten für 2 Personen

300 ml Milch, 1,5 % Fett
1 Prise Salz
1 EL Zucker
2 geh. EL Milchreis
½ Vanillestange
4 EL Naturjoghurt, 1,5 % Fett
300 g Erdbeeren

Zubereitungszeit
20 Minuten

Kochzeit
30 Minuten

Auskühlzeit
ca. 30 Minuten

Nährwert pro Portion
311 Kilokalorien/1300 Kilojoule
10 g Eiweiß
4 g Fett
56 g Kohlenhydrate
6 BE

Zubereitung

1| Einen kleinen Topf mit kaltem Wasser ausspülen, Milch, Salz, Zucker und Milchreis in den Topf geben. Die Vanilleschote mit einem spitzen Messer der Länge nach aufschlitzen und das Vanillemark herauskratzen. Mark und Vanilleschote zu der Milch geben und aufkochen lassen. Unter gelegentlichem Rühren bei niedriger Temperatur in ca. 30 Minuten ausquellen lassen. Die Vanilleschote entfernen, den Reis aus dem Topf nehmen und auskühlen lassen.
2| Den Joghurt unter den Reis mischen.
3| Die Erdbeeren waschen, entkelchen und gut abtropfen lassen. Die Früchte vierteln.
4| Den Milchreis abwechselnd mit den Erdbeeren in zwei hohe Gläser füllen und servieren.

Kochtipp

Das Ausspülen des Topfes mit kaltem Wasser verhindert das Anbrennen der Milch. Achten Sie beim Waschen der Erdbeeren darauf, diese nur kurz im Wasser liegen zu lassen bzw. unter fließendem kaltem Wasser zu waschen. Erdbeeren verlieren durch zu langes Liegen im Wasser ihr feines Aroma und schmecken schnell wässrig.

Erdbeercarpaccio mit Zimtjoghurt

ausgefallen, gut vorzubereiten

Zutaten für 2 Personen

Erdbeercarpaccio
1 kleine unbehandelte Orange
1 EL Zucker
50 ml Maracujasaft
300 g Erdbeeren

Zimtjoghurt
2 EL Naturjoghurt, 1,5 % Fett
¼ TL Zimt

Zubereitungszeit
40 Minuten

Marinierzeit
30 Minuten

Nährwert pro Portion
110 Kilokalorien/459 Kilojoule
3 g Eiweiß
1 g Fett
20 g Kohlenhydrate
2 BE

Zubereitung

1| Die Orange heiß abspülen, trocknen, ein Stück Schale sehr dünn abschälen und in feine Streifen schneiden. Die Orange auspressen.

2| Eine kleine Pfanne ohne Fettzugabe erhitzen, den Zucker gleichmäßig auf dem Pfannenboden verteilen und bei mittlerer Hitze goldgelb karamellisieren lassen. Die Pfanne vom Herd ziehen, den Karamell mit Orangen- und Maracujasaft ablöschen und abkühlen lassen.

3| Die Erdbeeren vorsichtig waschen, entkelchen und gut abtropfen lassen. Die Beeren in gleichmäßige Scheiben schneiden und mit Marinade und Orangenschale vorsichtig vermischen. Die Erdbeeren ca. 30 Minuten marinieren lassen.

4| Den Joghurt mit dem Zimt verrühren. Die Erdbeerscheiben auf zwei Tellern anrichten und mit dem Zimtjoghurt garniert servieren.

Espresso-Latte-Cotto

braucht etwas mehr Zeit

Zutaten für 2 Personen

Espresso-Latte-Cotto
1 EL Espresso-Kaffeebohnen
1 geh. EL Zucker
200 ml Milch, 1,5 % Fett
2 Blatt Gelatine

Pfirsichsauce
200 g Pfirsiche aus der Dose, ungezuckert

Küchenutensilien
2 Förmchen à ca. 100 ml

Zubereitungszeit
30 Minuten

Ziehzeit
ca. 12 Stunden

Kühlzeit
2–3 Stunden

Nährwert pro Portion
157 Kilokalorien/656 Kilojoule
6 g Eiweiß
2 g Fett
29 g Kohlenhydrate
~ 3 BE

Zubereitung

1| Die Espressobohnen mit dem Zucker und der Milch aufkochen. Abkühlen und über Nacht ziehen lassen, dann durchsieben. Die Gelatine nach Packungsanweisung einweichen und auflösen. Die Espresso-Milch-Mischung leicht erwärmen, die Gelatine zugeben und gut unterrühren. Die Masse in zwei Förmchen füllen und im Kühlschrank ca. 2–3 Stunden fest werden lassen.

2| Die Pfirsiche mit etwas Fruchtsud in ein hohes Gefäß geben. Mit einem Pürierstab die Früchte zu einer cremigen Masse pürieren.

3| Die Fruchtsauce auf zwei Desserttellern verteilen und die Latte-Cotta darauf stürzen.

Gefüllter Bratapfel

gelingt leicht

Zutaten für 2 Personen

2 säuerliche Äpfel
1 Zitrone
1 EL Rapsöl
1 EL Mandelblätter
½ TL Zimt
½ TL Lebkuchengewürz
2 gut geh. EL Rosinen

Zubereitungszeit
30 Minuten

Backzeit
20 Minuten

Nährwert pro Portion
347 Kilokalorien/1451 Kilojoule
4 g Eiweiß
21 g Fett
35 g Kohlenhydrate
~ 3 BE

Zubereitung

1| Die Äpfel waschen, halbieren und entkernen. Die Zitrone auspressen und die Apfelhälften mit dem Saft beträufeln.
2| Den Backofen auf 220 °C vorheizen.
3| Das Öl erhitzen und die Mandelblättchen darin anbraten, Zimt, Lebkuchengewürz und Rosinen hinzufügen. Die Masse auf die Apfelhälften verteilen, in eine gefettete feuerfeste Auflaufform geben und im Ofen circa 20 Minuten backen.

Tipp
Servieren Sie die Bratäpfel mit Vanillesoße (siehe Rezept Seite 199).

Vanillesoße

geht schnell

Zutaten für 2 Personen

200 ml Milch, 1,5 % Fett
½ Vanilleschote
1 TL Speisestärke
flüssiger Süßstoff

Zubereitungszeit
5 Minuten

Garzeit
ca. 5 Minuten

Nährwert pro Portion
66 Kilokalorien/256 Kilojoule
3 g Eiweiß
2 g Fett
9 g Kohlenhydrate
~ 1 BE

Zubereitung

1| Die Milch in einen mit kaltem Wasser ausgespülten Topf gießen. Die Vanilleschote der Länge nach aufschneiden und das Mark herauskratzen. Zusammen mit der Schote zu der Milch geben und zum Kochen bringen.

2| Die Speisestärke mit etwas kaltem Wasser und flüssigem Süßstoff anrühren und in die kochende Milch geben. Die Soße 1 Minute aufkochen lassen, in eine kleine Schüssel gießen und etwas abkühlen lassen.

Kochtipp

Das Ausspülen des Kochtopfes mit kaltem Wasser verhindert das Anbrennen der Milch.

Orangenquarkschnitten

geht schnell

Zutaten für 12 Stücke

Teig
6 Eigelb
6 EL heißes Wasser
4 leicht geh. EL Fruchtzucker
100 g Weizenmehl, Typ 405
½ Pck. Backpulver
6 Eiweiß

Orangenquark
4 EL Orangensaft
1 EL Zitronensaft
Schale von 1 Orange
600 g Magerquark
100 ml Schlagsahne
6 Blatt Gelatine

Küchenutensilien
Backpapier

Zubereitungszeit
30 Minuten

Backzeit
15–20 Minuten

Nährwert pro Stück
166 Kilokalorien/694 Kilojoule
12 g Eiweiß
6 g Fett
16 g Kohlenhydrate (7 g Fruchtzucker)
0,5 BE

Zubereitung

1| Den Backofen auf 180 °C vorheizen.
2| Die Eigelbe mit dem heißen Wasser schaumig schlagen, den Fruchtzucker langsam zugeben und so lange rühren, bis er nicht mehr knirscht. Das Mehl mit dem Backpulver vermischen und über die Eimasse sieben, vorsichtig unterheben. Das Eiweiß steif schlagen und ebenfalls vorsichtig unter den Teig heben.
3| Den Biskuitteig auf ein mit Backpapier ausgelegtes Backblech streichen und im Ofen circa 15–20 Minuten backen.
4| Für den Orangenquark alle Zutaten gut verrühren und zum Schluss die gemäß Packungsangabe eingeweichte und aufgelöste Gelatine unter Temperaturausgleich hinzugeben.
5| Den Biskuit halbieren und eine Hälfte mit der halben Füllung bestreichen. Die andere Teigplatte aufsetzen und mit der restlichen Füllung garnieren.

Variation
Eine andere Variante können Sie herstellen, indem Sie die Orangen durch Grapefruits oder Blutorangen austauschen.

Kochtipp
Ein Temperaturausgleich ist bei allen Gelatinezubereitungen nötig, um ein Verklumpen der Gelatine zu verhindern. Zum Temperaturausgleich geben Sie etwas von der zu bindenden Masse in die aufgelöste Gelatine und rühren gut um. Jetzt erst geben Sie die Gelatine zu der zu bindenden Masse.

Vanillequark mit Beeren und Amarettini

geht schnell

Zutaten für 2 Personen

125 g Magerquark
1 Becher Naturjoghurt, 1,5 % Fett
½ Vanilleschote
flüssiger Süßstoff
150 g Heidel- oder Himbeeren
8 Amarettini

Küchenutensilien
Gefrierbeutel
Haushaltsgummi
Nudelholz

Zubereitungszeit
15 Minuten

Nährwert pro Portion
163 Kilokalorien/681 Kilojoule
12 g Eiweiß
4 g Fett
17 g Kohlenhydrate
~ 1,5 BE

Zubereitung

1| Magerquark und Joghurt zu einer cremigen Masse verrühren. Die Vanilleschote der Länge nach halbieren und das Mark mit einem kleinen Messer herauskratzen. Das Vanillemark und einige Tropfen Süßstoff unter die Quarkmasse mengen und abschmecken.
2| Die Beeren vorsichtig waschen, evtl. verlesen und gut abtropfen lassen.
3| Die Amarettini in einen Gefrierbeutel geben, Beutel verschließen und mit einem Nudelholz mehrmals darüberrollen, bis die Kekse zerbröselt sind.
4| Den Quark in zwei Dessertschalen verteilen und mit Beeren und Amarettinibrösel garniert servieren.

Heidelbeerquark

geht schnell

Zutaten für 2 Personen

125 g Magerquark
2 EL Mineralwasser mit Kohlensäure
flüssiger Süßstoff
100 g Heidelbeeren

Zubereitungszeit
ca. 5 Minuten

Nährwert pro Portion
69 Kilokalorien/288 Kilojoule
9 g Eiweiß
0 g Fett
6 g Kohlenhydrate
~ 0,5 BE

Zubereitung

1| Quark und Mineralwasser mit einem Schneebesen cremig rühren und nach Belieben mit flüssigem Süßstoff süßen.
2| Die Heidelbeeren waschen, verlesen und vorsichtig unter den Quark heben.

Desserts und Gebäck

Mohnwaffeln

gelingt leicht

Zutaten für 8 Waffeln

100 g Diätmargarine
150 g Weizenmehl, Typ 405
½ TL Backpulver
100 ml Milch, 1,5 % Fett
120 g Fruchtzucker
1 Prise Salz
3 Eier
2 EL gem. Mohn
1 EL Rapsöl zum Ausbacken

Zubereitungszeit
10 Minuten

Ruhezeit
20 Minuten

Backzeit
ca. 40 Minuten

Nährwert pro Waffel
296 Kilokalorien
6 g Eiweiß
17 g Fett
29 g Kohlenhydrate
~ 1 BE

Zubereitung

1| Die Margarine in einem Topf bei milder Hitze langsam schmelzen lassen.
2| Das Mehl in eine Schüssel geben und mit dem Backpulver mischen. Die Milch dazugießen und alles mit den Quirlen des Handrührgerätes verrühren. Den Zucker, 1 Prise Salz und die Eier dazugeben und alles zu einem glatten Teig verrühren. Zum Schluss das abgekühlte, aber noch flüssige Fett und den gemahlenen Mohn unterrühren. Den Teig dann 20 Minuten ruhen lassen.
3| Das Waffeleisen auf mittlere Stufe vorheizen. Beide Seiten dünn mit Öl bestreichen.
4| Die Waffeln aus jeweils ein bis zwei Kellen Teig etwa 4–5 Minuten goldgelb backen.

Tipp
Sehr gut passt dazu ein Sauerkirschkompott: Verwenden Sie dafür 350 g Sauerkirschen, die Sie mit einer Zimtstange und einigen Spritzern flüssigen Süßstoff aufkochen und kurz köcheln lassen. Das Kompott abkühlen lassen und zu den heißen Waffeln servieren.

Apfelstrudel

braucht etwas mehr Zeit

Zutaten für 8 Stücke

Teig
300 g Weizenmehl, Typ 405
2 EL Rapsöl
Salz
½ TL Rapsöl zum Einpinseln des Teiges

Füllung
2 EL Rosinen
750 g säuerliche Äpfel
3 EL Paniermehl
3 EL Zucker
1 Msp. Zimt
1 TL Zitronenschale
5 EL Rapsöl

Küchenutensilien
Pinsel
Klarsichtfolie
Backpapier

Zubereitungszeit
40 Minuten

Ruhezeit
ca. 1 Stunde

Backzeit
ca. 35 Minuten

Nährwert pro Stück
356 Kilokalorien/1488 Kilojoule
5 g Eiweiß
14 g Fett
52 g Kohlenhydrate
~ 5 BE

Zubereitung

1| Die Zutaten für den Teig mit 200 ml lauwarmen Wasser vermengen und mit den Knethaken des Handrührgerätes zu einem glatten Teig verarbeiten. Zu einer Kugel formen, mit dem ½ TL Öl einpinseln und in Klarsichtfolie einschlagen. 1 Stunde im Kühlschrank ruhen lassen.

2| Die Rosinen in etwas Wasser einweichen und anschließend gut ausdrücken. Die Äpfel waschen, schälen, vierteln, entkernen und in Scheiben schneiden. Rosinen und Apfelstücke mit Paniermehl, Zucker, Zimt und Zitronenschale mischen.

3| Den Strudelteig auf ein bemehltes Geschirrtuch geben und mit einem bemehlten Nudelholz rechteckig ausrollen. Die Hände bemehlen und den Teig vorsichtig über den Handrücken auf eine Größe von ca. 80 x 60 cm ausziehen. Die Hälfte des Öls auf zwei Drittel des Teiges streichen, das restliche Öl beiseite stellen.

4| Den Backofen auf 190–200 °C vorheizen.

5| Die Apfelmischung auf den vorbereiteten Teig verteilen. An den Seiten einen Rand von ca. 5 cm lassen. Den Strudel mithilfe des Geschirrtuches aufrollen, die Enden nach unten einschlagen.

6| Ein Backblech mit Backpapier auslegen und den Strudel mithilfe des Geschirrtuchs schräg auf das Blech rollen. Mit etwas Öl bestreichen und im Ofen ca. 30–35 Minuten backen. Zwischendurch mit dem restlichen Öl bestreichen.

Brombeertorte

braucht etwas mehr Zeit

Zutaten für 12 Stücke

100 g weiße Schokolade
80 g Cornflakes
9 Blatt weiße Gelatine
2 Bio-Zitronen
800 g frische Brombeeren
2 EL flüssiger Süßstoff
150 g Naturjoghurt,
 1,5 % Fett
250 ml Schlagsahne,
 30 % Fett

Küchenutensilien
Gefrierbeutel
Nudelholz
Backpapier
Tortenring (Ø 20 cm)

Zubereitungszeit
45 Minuten

Kühlzeit
mind. 4 Stunden

Nährwert pro Stück
218 Kilokalorien/911 Kilojoule
4 g Eiweiß
12 g Fett
21 g Kohlenhydrate
2 BE

Zubereitung

1| 40 g der Schokolade mit einem Sparschäler dünn hobeln und beiseite stellen.
2| Die Cornflakes in einen Gefrierbeutel geben und mit einem Nudelholz zerbröseln.
3| Die restliche Schokolade im Wasserbad schmelzen lassen und mit den Cornflakesbröseln vermengen.
4| Eine Tortenplatte mit Backpapier belegen und einen Tortenring darauf setzen. Die Masse auf den Boden geben, glatt streichen und kalt stellen.

5| In der Zwischenzeit die Gelatine in kaltem Wasser einweichen. Die Zitronen heiß abwaschen, die Schale fein reiben und den Saft auspressen. Die Brombeeren waschen, verlesen und gut abtropfen lassen.

6| 600 g Beeren mit Zitronensaft und -schale sowie dem Süßstoff im Mixer pürieren und durch ein feines Sieb streichen.

7| Die Gelatine ausdrücken und im Wasserbad auflösen, 5 EL Beerenpüree zugeben und gut verrühren. Die angerührte Gelatine mit dem restlichen Beerenpüree mischen, ein Drittel des Pürees zur Seite stellen.

8| Den Joghurt glatt rühren und mit zwei Dritteln des Pürees mischen, kalt stellen.

9| Die Sahne steif schlagen und, sobald die Creme zu gelieren beginnt, unterheben, ggf. noch mit Süßstoff nachsüßen. Die Creme auf den festen Schoko-Cornflakes-Boden geben, glatt streichen und 15 Minuten kalt stellen.

10| Das restliche Beerenpüree gut durchrühren und mit den restlichen Beeren mischen. Die Masse auf die Torte geben und mind. 3 Stunden kalt stellen.

11| Die kalte, feste Torte mit einem feuchten Messer vom Tortenring lösen und mit Schokospänen verziert servieren.

Tipp
Wer den Fettgehalt reduzieren möchte, kann anstelle der normalen Sahne ein fettreduziertes Produkt verwenden. Allerdings gilt es hier zu bedenken, dass die Sahne evtl. nicht so lange steif bleibt!

Biskuitrolle

geht schnell

Zutaten für 12 Stücke

6 Eigelb
3 EL warmes Wasser
3 geh. EL Fruchtzucker
½ Vanilleschote
150 g Weizenmehl, Typ 405
1 EL Speisestärke
½ Pck. Backpulver
6 Eiweiß
200 g Diabetiker-Sauerkirschkonfitüre

Küchenutensilien
Backpapier

Zubereitungszeit
20 Minuten

Backzeit
15–20 Minuten

Nährwert pro Stück
170 Kilokalorien/711 Kilojoule
5 g Eiweiß
3 g Fett
32 g Kohlenhydrate
~ 2 BE

Zubereitung

1| Den Backofen auf 190 °C vorheizen.
2| Die Eigelbe mit Wasser, Fruchtzucker und dem Mark der ½ Vanilleschote schaumig rühren. Das Mehl mit der Speisestärke und dem Backpulver mischen, über die Eigelbmasse sieben. Die Eiweiße steif schlagen und alles vorsichtig unter die Eigelbmasse heben.
3| Ein Backblech mit Backpapier auslegen, den Biskuitteig darauf geben und glatt streichen. Im Ofen 15–20 Minuten goldgelb backen.
4| Den Biskuit sofort nach dem Backen auf ein Küchentuch stürzen, das Backpapier vorsichtig abziehen. Den Biskuit mit dem Küchentuch aufrollen und abkühlen lassen.
5| Die abgekühlte Rolle auseinanderrollen, mit der glattgerührten Konfitüre bestreichen und wieder aufrollen.

Tipp
Schieben Sie die Biskuitmasse nach dem Herstellen schnell in den gut vorgeheizten Backofen, denn durch längeres Stehen kann der Teig zusammenfallen und an Lockerheit verlieren.

Zimtschnecken

gelingt leicht

Zutaten für ca. 16 Stücke

300 ml Milch, 1,5 % Fett
½ Würfel Hefe
½ kg Mehl, Typ 405
50 g Zucker
Salz
1 Ei
100 ml Rapsöl
1 geh. TL Zimt
3 EL Zucker

Küchenutensilien
Backpapier

Zubereitungszeit
25 Minuten

Ruhezeit
ca. 50 Minuten

Garzeit
ca. 12 Minuten

Nährwert pro Stück
204 Kilokalorien/851 Kilojoule
5 g Eiweiß
7 g Fett
30 g Kohlenhydrate
~ 3 BE

Zubereitung

1| Die Milch lauwarm erwärmen. Die Hefe hineinbröckeln und unter Rühren auflösen.
2| Das Mehl in eine große Schüssel sieben, den Zucker, 1 Prise Salz, das Ei und 75 ml Öl dazugeben. Die Hefemilch zugießen und mit den Knethaken des Handrührgerätes zu einem glatten Hefeteig verarbeiten. Den Teig zugedeckt an einem warmen Ort ca. 30 Minuten gehen lassen.
3| Den Teig auf einer bemehlten Arbeitsfläche gut durchkneten. Zu einem Rechteck (ca. 20 x 50 cm) ausrollen. 1 EL des restlichen Öls beiseite stellen. Die Teigplatte mit dem übrigen Öl bepinseln.
4| Den Zimt mit 3 EL Zucker vermischen, 1 EL der Zimt-Zucker-Mischung beiseite stellen. Die restliche Menge auf die Teigplatte streuen.
5| Den Teig von der Längsseite her aufrollen und in 16 Scheiben schneiden. Die Schnecken auf mit Backpapier belegten Blechen verteilen. Die Schnecken etwas flach drücken und Teig nochmals 20 Minuten gehen lassen.
6| Den Backofen auf 200 °C vorheizen.
7| Die Zimtschnecken ca. 10–12 Minuten im heißen Ofen backen. Die heißen Schnecken sofort mit dem restlichen Öl bestreichen und mit dem beiseite gestellten Zimtzucker bestreuen.

Tipp
Eine mäßige Aufnahme von Haushaltszucker ist bei beiden Diabetestypen akzeptabel. Wer jedoch keinen Zucker einsetzen möchte, kann die Zuckermenge für den Hefeteig durch ¾ TL flüssigen Süßstoff ersetzen.

Rezepte-Index

Frühstücksleckereien

Kresse-Frischkäse-Aufstrich	32
Lachsaufstrich	33
Mediterraner Aufstrich	34
Exotischer Obstsalat	35
Buttermilch-Müsli mit Birne	36
Gourmetrührei	38
„Caprese am Spieß"	39
Bauernfrühstück	40
Nussbrot	42
Schnittlauchbrötchen	43
Apfelbuttermilch	44
Apfelmüsli	45
Energiekick	46
Feine Kirschmarmelade	47
Leckere Erdbeermarmelade	48

Vorspeisen

Lachscarpaccio mit „scharfem" Pesto	50
Spargelcarpaccio	51
Marinierte Zucchini	52
Austernpilz-Saltimbocca	53
Auberginenröllchen mit Frischkäse-Rucola-Füllung	54
Gurkenscheiben mit Forellenmousse	56
Zucchinipuffer mit geräucherter Forelle	57
Auberginen-Grieß-Törtchen	58
Datteln im Speckmantel	59
Sommerliche Spieße	60
Gratinierter grüner Spargel	62
Caprese aus dem Ofen	63
Feldsalat mit Erdbeeren	64
Rucolasalat mit gebratenem Ziegenkäse	66
Spargelsalat mit Senf-Honig-Dressing	68
Karottenrohkost mit Avocadodressing	70

Salate und Snacks

Fruchtiger Radicchiosalat	72
Avocadosalat Birgit	73
Rucola-Fenchel-Salat mit Birnen	74
Pikanter Rohkostteller	76
Endiviensalat mit Senfdressing	77
Tomaten-Kresse-Salat	78
Kräutersalat	79
Türkischer Linsensalat	80
Spaghettisalat	81
Frühlings-Canapés	82
Spinattoast	83
Thunfisch-Sandwich „Vitale"	84
Zucchinibrot	86
Reisplätzchen	88
Karottenpfannkuchen mit Haselnüssen	89
Riesenchampignons aus dem Ofen	90
Erdbeer-Smoothie	92
Gurken-Melonen-Smoothie	94

Suppen

Kürbissuppe 96
Lauchsuppe mit
    Fleischklößchen 98
Kerbelschaumsuppe 99
Zucchinicremesuppe 100
Leckere Lauch-Käse-Suppe 101
Räucheraalsuppe mit Croûtons 102
Spinatcremesuppe mit
    Käsekrustel 103
Fränkische Kartoffelsuppe 104
Rote Linsensuppe 106
Klare Gemüsebrühe 107
Klare Geflügelbrühe 108
Minestrone 109
Maissuppe 110
Hühnertopf 111
Miesmuscheln im Zwiebelsud 112
Provenzalischer Gemüseeintopf ... 114
Wintereintopf 116

Saucen, Dips und Dressings

Frankfurter Grüne Sauce 118
Zitronensauce 120
Paprikasauce 121
Champignon-Gorgonzola-Sauce ... 122
Quark-Meerrettich-Dip 123
Käsesauce 124
Tomaten-Estragon-Dip 125
Rucola-Parmesan-Dip 126
Aïoli 127
Tomatensalsa 128
Aprikosen-Chutney.............. 129
Avocado-Dip................... 130
Käse-Joghurt-Dressing 131
Senfdressing 132
Kräuterdressing................ 133
Mangodressing 134

Hauptgerichte

Hauptgerichte mit Fleisch
Zwiebelfleisch mit Sauerkraut und
    Kartoffelbrei 136
Zwiebelgulasch mit Bandnudeln ... 138
Italienische Rumpsteaks mit
    Kräuterbaguette 140
Kräuterfilet mit Frühlingsgemüse
    und Petersilienkartoffeln 142
Frikadellen „Kreta" mit Knoblauch-
    kartoffeln und Gurkensalat..... 143

Hauptgerichte mit Geflügel
Ungarisches Paprikahähnchen
    mit Reis 144
Hähnchenrisotto 146
Olivenhähnchen mit
    Kräuterkartoffeln 147
Geflügel-Saltimbocca mit Frühlings-
    nudeln 148
Zitronenputenschnitzel mit
    Rosmarinkartoffeln 150

Hauptgerichte mit Fisch
Matjes mit grünen Bohnen und
    Petersilienkartoffeln 152
Schollen-Zucchini-Röllchen mit
    Dillkartoffeln 154
Victoriabarsch mit Gurkenragout
    und Kräuterreis 155
Spaghetti à la Méditerranée 156
Thunfisch-Sesam-Steaks mit
    Spinatpasta 158

Vegetarische Hauptgerichte
Risotto Milanese 160
Grüner Spargel mit
    Zitronenpasta 161
Kartoffeln nach Jäger Art 162
Penne mit gegrilltem Gemüse 164
Fenchel-Tomaten-Ragout mit
    „grünem" Reis 166

Abendessen

Ciabatta „Italia" 168
Zucchiniciabatta 169
Roastbeef-Toast 170
Fitnessburger 172
Knoblauch-Parmesan-Baguette 174
Puten-Käse-Sandwich 175
Lachsröllchen 176
Schafskäseaufstrich 178
Lachsbrot mit Rucola 179
Schlemmertoast „Sylt" 180
Räucherforellenaufstrich 182
Matjessalat 183
Käse-Birnen-Brot 184
Gefüllte Avocado 186
Kartoffel-Käse-Pflanzerl 188
Gefüllte Mozzarellakugel 190
Flammkuchen 191
Käse-Salbei-Kartoffeln 192

Desserts und Gebäck

Apfelmus „Exotik" 194
Erdbeer-Milchreis 195
Erdbeercarpaccio mit
   Zimtjoghurt 196
Espresso-Latte-Cotto 197
Gefüllter Bratapfel 198
Vanillesoße 199
Orangenquarkschnitten 200
Vanillequark mit Beeren und
   Amarettini 202
Heidelbeerquark 203
Mohnwaffeln 204
Apfelstrudel 206
Brombeertorte 208
Biskuitrolle 210
Zimtschnecken 212

Rat und Tat

Zeitschriften für Diabetiker

Diabetes aktuell & „Hallo, Du auch!"
Das Fachjournal Diabetes aktuell & „Hallo, Du auch!" wendet sich an Typ-1- und Typ-2-Diabetiker, deren Familienmitglieder und Interessierte. In jedem Heft finden Sie wichtige Informationen rund um den Diabetes: wissenschaftliche Beiträge, Interessantes aus der Diabetologie, Neues aus Industrie und Forschung, Erfahrungsberichte und vieles mehr. Nicht nur erwachsene Diabetiker werden angesprochen, sondern auch Kinder und deren Eltern. Die „bunten Kinderseiten" geben den kleine Patienten und Anderen die Möglichkeit Fragen an ein Expertenteam zu stellen, Brieffreundschaften zu finden, Erfahrungen auszutauschen und Erlebnisse mit anderen Lesern zu teilen.
www.bund-diabetischer-kinder.de/fachjournal.htm

Diabetes-Journal
Diese Zeitschrift ist das wohl bekannteste Magazin für Diabetiker. Es erscheint seit vielen Jahren und hat sich bestens bewährt.
www.diabetes-journal.de

Subkutan
Diese Zeitschrift ist die Mitgliederzeitschrift verschiedener Landesverbände des Deutschen Diabetiker Bundes.
www.subkutan-online.de

Diabetiker Ratgeber
Die auflagenstärkste Zeitschrift für den Diabetiker heißt Diabetiker Ratgeber. Diese Zeitschrift erscheint monatlich und ist in vielen Apotheken kostenlos erhältlich. www.gesundheitpro.de

Wichtige Adressen für Diabetiker

Deutsche Diabetes Gesellschaft
Albrechtstraße 9
10117 Berlin
Tel.: 030/3 11 69 37 0
Fax: 030/3 11 69 37 20
E-Mail: info@ddg.info
www.ddg.info

Deutscher Diabetiker Bund e. V.
Käthe-Niederkirchner-Straße 16
10407 Berlin
Tel. 030/42 08 24 98 0
Fax: 030/42 08 24 98 20
E-Mail: info@diabetikerbund.de
www.diabetikerbund.de

Arbeitskreis der Pankreatekto-mierten e. V.
Bundesgeschäftsstelle des AdP e.V.
Thomas-Mann-Straße 40
53111 Bonn
Tel. 02 28/3 38 89-0
Fax 02 28/3 38 89-253
www.adp-bonn.de

Bund diabetischer Kinder und Jugendlicher e. V.
Hahnbrunner Straße 46
67659 Kaiserslautern
Tel. 06 31/7 64 88
Fax 06 31/9 72 22
E-Mail: diabeteskl@aol.com
www.bund-diabetischer-kinder.de

Deutsches Kompetenzzentrum Gesundheitsförderung und Diätetik (DKGD) e.V.
c/o: Dipl.-Päd. Almut Müller
Heinersdorfer Straße 38
12209 Berlin
E-Mail: info@dkgd.de

Zentrum für Ernährungs-kommunikation, Diabetesberatung und Gesundheitspublizistik (ZEK)
Sven-David Müller, MSc.
Heinersdorfer Straße 38
12209 Berlin
E-Mail: sdm@svendavidmueller.de

Wichtige Internetadressen

www.deutsche-diabetes-gesellschaft.de
www.diabetesstiftung.de
www.diabetes-union.de
www.medizin-forum.de
www.diabetes-kids.de
www.diabetesweb.de
www.diabetes-forum.de
www.diabetesinfo.com
www.diabetes-news.de
www.diabeticus.de
www.diabetiker-experte.de
www.dkgd.de
www.svendavidmueller.de
www.finde-deine-diaet.de
www.medikamenteperclick.de

Autoreninfo

Sven-David Müller war 10 Jahre als Diätassistent und Diabetesberater der Deutschen Diabetes Gesellschaft (DDG) an der Universitätsklinik in Aachen beschäftigt. Seine Ausbildung zum staatlich geprüften Diätassistenten hat er von 1987 bis 1989 an der Diätlehranstalt in Bad Hersfeld absolviert. In Bad Hersfeld hat er auch seine erste Diabetiker-Selbsthilfegruppe „Diabetiker helfen sich selbst" gegründet und 1988 einen Diabetikertag durchgeführt. Er ist seit Mai 1989 beruflich in der Diät- und Diabetesberatung tätig und hat mehr als 35.000 Menschen beraten und geschult. Sven-David Müller hat in vielen Fachzeitschriften mehr als 260 wissenschaftliche Artikel publiziert. Einen Schwerpunkt seiner Publikationstätigkeit macht der Themenkreis Stoffwechselerkrankungen aus. Außerdem macht Sven-David Müller die Erkenntnisse um eine gesunde Ernährungsweise, die diabetesgerechte Ernährungsweise, die Ernährungsmedizin und die Diätetik in 205 Büchern verfügbar, die in einer Auflage von 6,5 Millionen Exemplaren in elf Sprachen erschienen sind. Durch seine Fachartikel, Bücher, Vorträge und Seminare sowie Auftritte in den Medien ist Sven-David Müller als Diät- und Diabetesexperte im deutschsprachigen Raum bekannt.

2005 zeichnete ihn der damalige Bundespräsident Horst Köhler für seinen ehrenamtlichen Einsatz in der Diabetes- und Ernährungsaufklärung mit dem Bundesverdienstkreuz aus. Im Jahr 2016 verlieh ihm die Albert Schweitzer Gesellschaft das Ehrenkreuz 1. Klasse für Kunst & Wissenschaft. Seine wissenschaftlichen und publizistischen Leistungen würdige die Progress University of Gyumri, Armenien, durch die Verleihung des Ehrendoktortitels Dr. h.c.

Christiane Weißenberger ist Diätassistentin und Diabetesassistentin der Deutschen Diabetesgesellschaft. Bis zur Geburt ihres ersten Kindes arbeitete sie in verschiedenen Kliniken. Zuletzt war sie in einer diabetologischen und nephrologischen Schwerpunktpraxis in Würzburg beschäftigt. Dort war sie für die Ernährungs- und Diätberatungen, die Diabetikergruppenschulungen sowie die Ernährungsstunden in einem achtmonatigen Gewichtsreduktionsprogramm zuständig. Weiterhin führte sie regelmäßige Lehrküchenveranstaltungen durch. Nach einem Jahr Elternzeit ist sie seit Januar 2008 wieder als Teilzeitkraft im Dialysezentrum Würzburg tätig.

Zusammen mit Sven-David Müller hat sie eine Vielzahl an Büchern herausgegeben.

Register

Alkohol 14, 15, 20
Augen 12, 30
Autoimmunerkrankung 11

Ballaststoffe 16f., 18, 21ff., 25
Bauchspeicheldrüse 10f., 13
Bewegung 11, 13, 19
Blutdruck 7, 12ff.
Blutfettwerte 7, 14
Bluthochdruck 13f., 20
Blutzucker 7, 11ff., 15ff., 18ff., 35, 44, 46ff., 50ff., 62f., 68, 70, 76ff., 106, 109ff., 169, 184
Body-Mass-Index (BMI) 20
Broteinheiten (BE) 12, 15

Cholesterin 14, 17ff.

Durchblutungsstörung 18
Durst 7, 11

Eiweiß 7, 10, 15, 17f.

Fett 7, 15, 17, 21ff., 28
Fettsäure 14, 17ff.
Fettstoffwechsel 10, 13f., 20
Fisch 14, 18, 21ff.,
Fleisch 17, 22, 24ff., 29f.

Geflügel 22, 24f., 29
Gemüse 14, 16ff., 21ff.,
Gestationsdiabetes 10
Gewicht 13, 15, 20
Glukose 9ff.

Hämoglobin 12
Harndrang 11
Harnzucker 12
HbA1c 12
Hyperglykämie 9ff.

Insulinmangel 10f.
Insulinsekretion 9f.

Joghurt 21, 25, 28

Kartoffeln 16, 22f.
Kohlenhydrate 10, 15ff., 25
Kräuter 20ff.

Mineralien 23

Omega-3-Fettsäuren 14, 18

Schwangerschaftsdiabetes 10
Soja 18, 23f.
Stoffwechsel 10, 14
Traubenzucker 9, 12

Übergewicht 10f., 13ff., 17f., 20
Unterzuckerung 12, 16, 22
Urin 9, 11, 19

Vitamine 8, 16, 18f., 21, 23
Vollkornprodukte 16, 22ff., 28
Zucker 9ff., 16f., 19, 25
Zuckerstoffwechsel 9

Schritt für Schritt zum normalen Blutzuckerspiegel

Astrid Schobert
Diabetes im Griff in 12 Wochen

- Mit 12-Wochen-Plan ohne Nebenwirkungen
- Alltagstaugliche und motivierende Maßnahmen zur Selbstbehandlung
- Jede Woche mit speziellen Aufgaben und leckeren Rezepten
- Wissenschaftlich gesicherte und anerkannte nicht medikamentöse Strategien

168 Seiten, 29 Farbfotos
15,5 x 21,0 cm, Broschur
ISBN 978-3-89993-743-5
€ 19,95 [D] / € 20,60 [A]

Dieser Ratgeber ist auch als eBook erhältlich.

Lecker gegen Zucker

Sven-David Müller
Christiane Weißenberger
Ernährungsratgeber Typ-2-Diabetes

- Medizinisch fundierte und verständliche Informationen
- Viele leckere und praxiserprobte Rezepte – ansprechend ins Bild gesetzt
- Alle Rezepte mit Kalorien-, Nährwert- und BE-Angaben pro Portion – für die ganze Familie
- Bestsellerautor Sven-David Müller: über 5 Mio. verkaufte Bücher!

152 Seiten, 90 Farbfotos
15,5 x 21,0 cm, Broschur
ISBN 978-3-89993-880-7
€ 19,99 [D] / € 20,60 [A]

Dieser Ratgeber ist auch als eBook erhältlich.

Weitere Bücher zu Gesundheitsthemen:
www.humboldt.de

Kochkurs mit dem TV-Ernährungscoach

Sven Bach
Der Gesundheitskochkurs: Diabetes

- Gesundheitsratgeber und Kochkurs in einem: Alle Rezepte sind für Anfänger geeignet
- Perfekt fürs After Work Cooking: Alle Rezepte lassen sich schnell und einfach nach der Arbeit zubereiten
- Harte Fakten für jedes Rezept: Kilokalorien, Kilojoule, Eiweiß, Fett, Kohlenhydrate, Ballaststoffe, BEs

144 Seiten, ca. 60 Abb.
15,5 x 21,0 cm, Broschur
ISBN 978-3-89993-891-3
€ 19,99 [D] / € 20,60 [A]

Dieser Ratgeber ist auch als eBook erhältlich.

Stand März 2017. Änderungen vorbehalten.

Weitere Bücher zu Gesundheitsthemen:
www.humboldt.de